# MOTHER

# MUTTER TERESA

Ein Buch von Silvia und Lois Lammerhuber · Mit vier Essays
von Alexander Smoltczyk · Verlag Christian Brandstätter

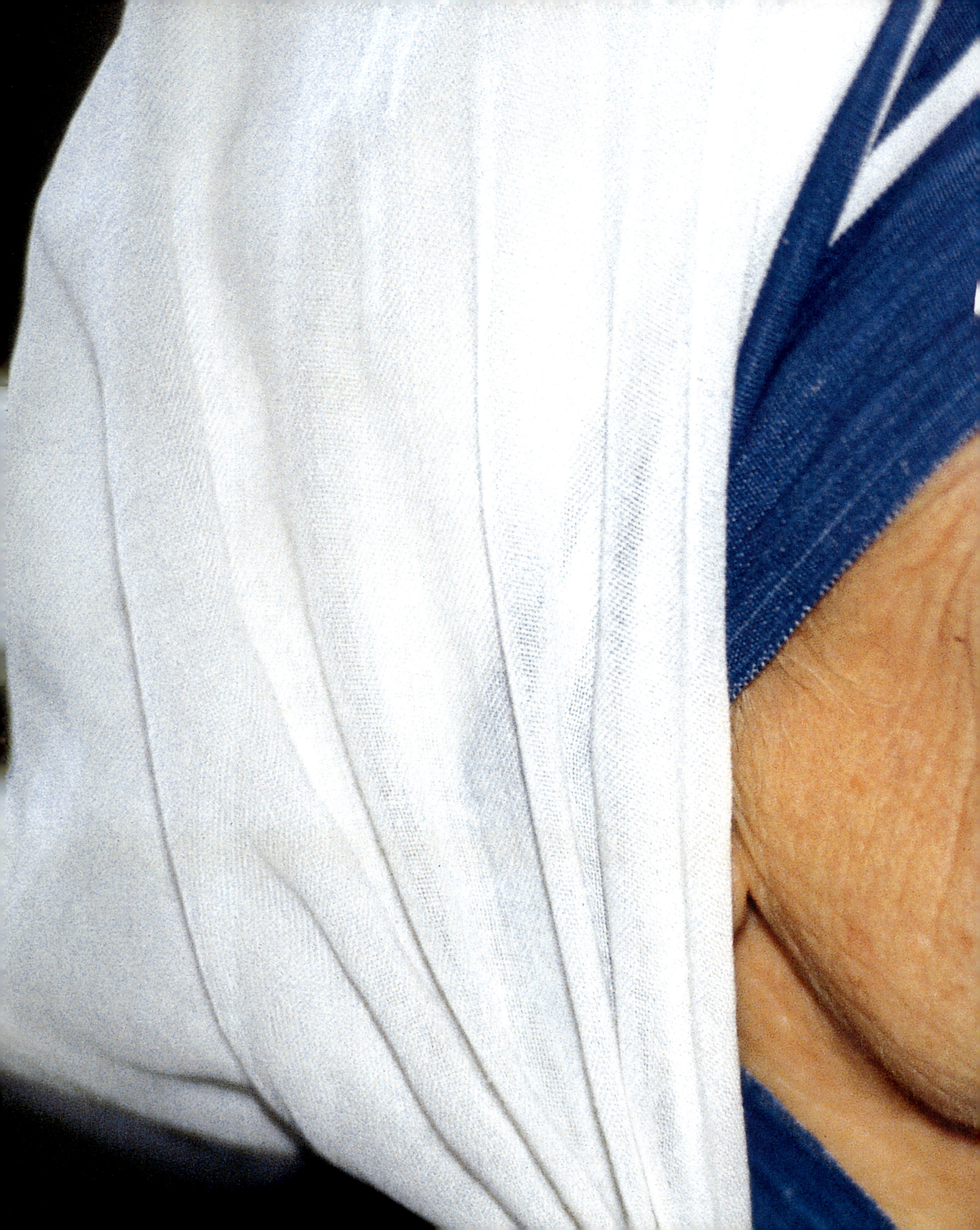

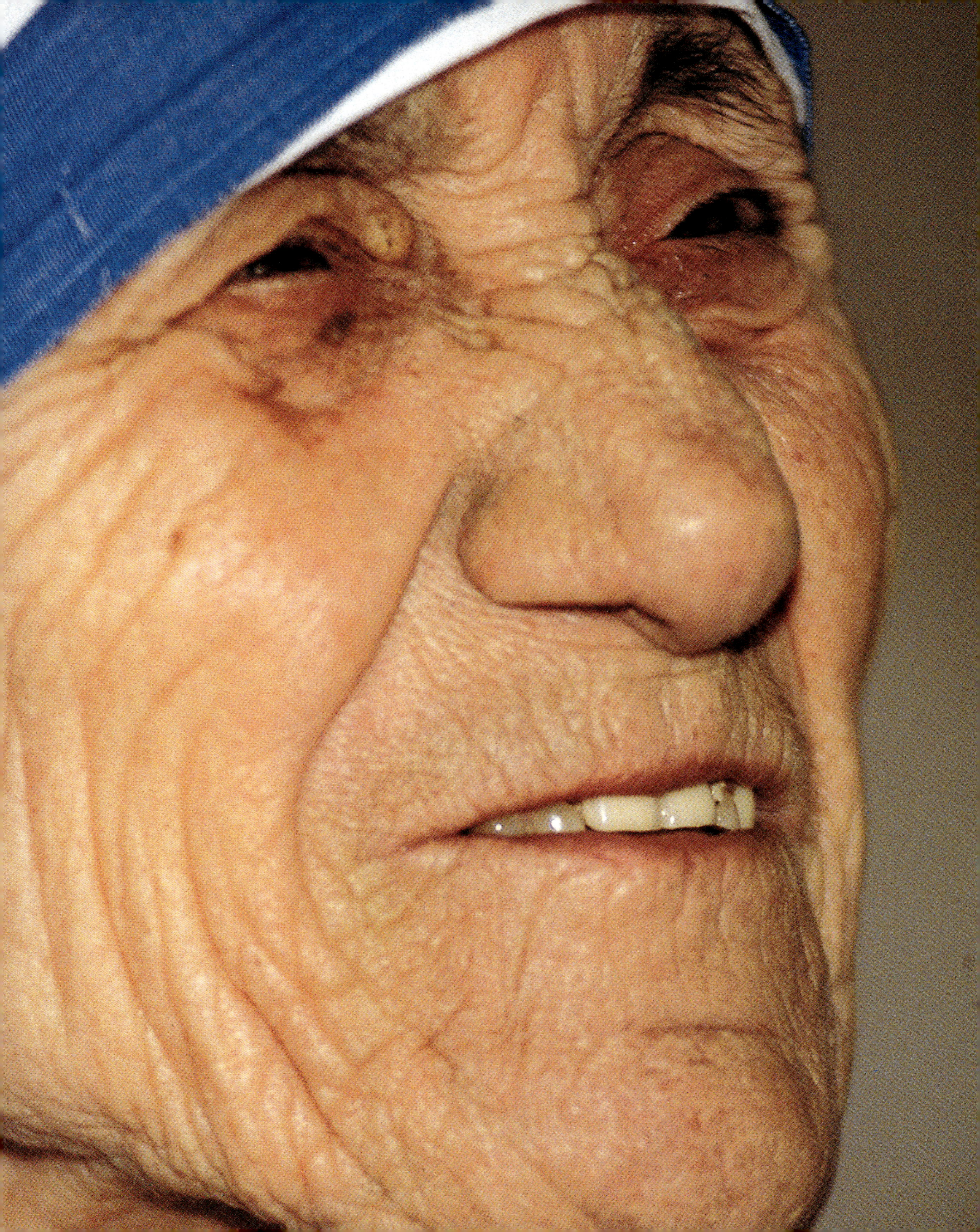

# Inhalt

MOTHER

*„Die Botschaft
war ganz deutlich. Es war ein Befehl.
Ich fühlte, daß Gott mehr
von mir verlangte. Er wollte,
daß ich arm sein und ihn
in der traurigen Gestalt der Ärmsten
der Armen lieben sollte.“*

MOTHER

Wenn Mutter Teresa ihr Leben zu erzählen hätte, würde sie wohl an einem Septembertag des Jahres 1946 beginnen, als sich die damals bereits 31jährige von der Darjeeling-Schmalspurbahn durch die Teeplantagen der Himalaya-Ausläufer rütteln ließ. Denn irgendwo hier auf der Strecke zwischen Kalkutta und Darjeeling, irgendwo unter dem klaren Himmel des Hochgebirges, erreichte sie *a call of God,* ein Ruf, aus dem sich alles andere ergab: „Ich wußte, es war Sein Wille, und ich mußte ihm folgen. Es gab keinen Zweifel, daß es Sein Werk war. Die Botschaft war ganz deutlich. Ich mußte den Orden verlassen, um für die Armen und unter den Armen zu leben. Es war ein Befehl. Ich wußte nun, wohin ich gehörte. Aber ich wußte nicht, wie ich dorthin gelangen könnte."

War es Eingebung, war es die Frucht langen Zweifelns und Selbstbefragens oder schlicht die Höhenluft? – Auf alle Fälle ist es eine andere Frau, die einige Tage später im Bahnhof von Kalkutta aus dem Zug steigen wird: Aus der Nonne ist eine künftige Ordensstifterin geworden, aus Schwester Teresa die von ihrer Mission erfüllte Mutter Teresa.

Es ist ein langer Weg gewesen von Skopje nach Kalkutta. Agnes Gonxha Bojaxhiu wird am 27. August 1910 als Tochter albanischer Katholiken geboren. Ihr Vater Nikolas ist Bauunternehmer und Honoratior des Stadtrats von Skopje. Agnes hat zwei ältere Geschwister, die Schwester Aga und den Bruder Lazar. Die Kinder besuchen die Schule der Herz-Jesu-Kirche, sprechen Serbokroatisch und Albanisch. Agnes lernt Mandoline spielen, inszeniert kleine Theaterstücke.

Als Zwölfjährige hört Agnes den Ortspfarrer von Indien erzählen. Pater Jambrenkovic berichtet von Missionaren und von den Loreto-Nonnen, die in Bengalen unterrichten. Mit 18 Jahren beschließt die junge Frau aus Skopje, ihre Familie zu verlassen und selbst Missionarin zu werden. Sie reist mit der Bahn über Zagreb nach Dublin und beginnt in der Loreto-Abtei von Rathfarman ihr Postulat.

Die Schwestern von Loreto sind der irische Zweig des „Instituts der Englischen Fräulein", 1609 von Maria Ward gegründet, um auch Mädchen in den Genuß einer Erziehung kommen zu lassen. Im Kloster wählt Agnes Bojaxhiu einen geistlichen Namen: Maria Teresa vom Kinde Jesu – nach der soeben heiliggesprochenen, sehr populären Therese von Lisieux.

Schon das anschließende Noviziat führt Schwester Teresa nach Indien. Im Januar 1929 legt ihr Schiff im Hafen von Kalkutta an. Damals war Kalkutta die zweite Stadt des Commonwealth, das London des Subkontinents, wimmelnd von Leben und zugleich, wie Rudyard Kipling notiert: *„the city of dreadful night"*. Slums, Ungeziefer, Choleraseuchen. Und die ganze bambusstöckchenschwingende Arroganz eines späten Empire.

Es ist ein kurzer Aufenthalt. Teresa fährt weiter nach Darjeeling. Die zukünftigen Loreto-Nonnen sollten in Hochgebirgsluft ausgebildet wer-

den, im Angesicht des Himalaya, bevor sie hinuntersteigen würden in den Monsundampf, die Hitze und den Staub Bengalens, um dort zu unterrichten. Die Novizin lernt Englisch, Bengali und ein wenig Hindi.
Am 24. März 1931 legt Teresa das erste Gelübde ab. Mit dem Enthusiasmus einer 20jährigen beginnt sie, an der Loreto-Mädchenschule St. Mary's in Kalkuttas Stadtteil Entally zu unterrichten: Erdkunde, Geschichte und den Katechismus. Endlich geht es an die Arbeit.

Ein Jesuitenpater macht es sich zur Aufgabe, die jungen Nonnen aus den Klostermauern herauszuführen und ihnen die *Bustees* zu zeigen, jene von Typhus und Ratten heimgesuchten Elendssiedlungen, die sich im Schatten der Kolonialpaläste ausbreiten. Der Geruch zusammengepferchter Menschen, offener Wunden und ungedeckter Kloaken muß die junge Albanerin schockiert haben. In einem Brief schreibt sie: „Wenn die Menschen bei uns so etwas nur sehen könnten, würden sie aufhören, über ihr eigenes Unglück zu klagen."
1936 wird Teresa Leiterin der Grundschule in der heutigen A.J.C. Bose-Road, nicht weit entfernt vom heutigen Mutterhaus des Ordens. Sie gilt als streng (vor allem gegen sich selbst), als pflichtbewußt und pünktlich. Am 24. Mai 1939 leistet Teresa ihr endgültiges Gelübde und übernimmt als Oberin die St. Mary's School, wo höhere Töchter unterrichtet werden. Gleich hinter den gepflegten Rasenflächen, der Umfriedung stehen die Blechhütten, Manufakturen und Pfuhle des Slums Motijhil.

Es sind zwei Ereignisse, die den „Ruf Gottes" in den Teefeldern Darjeelings vorbereiteten: die große Hungersnot in Bengalen und die Begegnung mit einem belgischen Jesuiten.
Im Kriegsjahr 1942 sind alle Flußschiffe und Eisenbahnen Bengalens von der britischen Armee requiriert worden, um Truppen nach Burma zu bringen. Es gelangt kein Reis mehr nach Kalkutta, und das wenige, was kommt, wird von Zwischenhändlern und Bürokraten gehortet. Die Menschen verhungern in den Straßen, nicht einige hundert, nicht einige tausend: Zwei Millionen Menschen sterben in diesem Winter an Auszehrung und Seuchen.
Im Juli 1944 trifft Teresa Pater Celeste van Exem. Der belgische Jesuit wird bis zu seinem Tod 1994 ihr geistiger Lehrer und Beichtvater sein, der einzige vielleicht, der von ihren Zweifeln gewußt hat, sollte es sie gegeben haben. Durch Van Exem wird Teresa in ihrer Überzeugung bestärkt werden, ihrem Ruf zu folgen und sich den Nächsten zuzuwenden, um Gott zu finden. Ihm wird es gelingen, den Klerus Kalkuttas für Teresas Sache zu gewinnen.

Wenige Wochen nach den Straßenschlachten zwischen Hindus und Moslems im August 1946 – Ghandi, dem Teresa nie begegnen wird, hat das Gemetzel nur unter Einsatz seiner ganzen Autorität beenden können – zieht sich Teresa zur jährlichen Klausur in die Berge Darjeelings zurück. Auf dem Weg, am 10. September 1946, erreicht sie der *call of God*. „Gleich nachdem sie aus Darjeeling zurück war, zeigte sie mir zwei Blätter Papier, auf denen sie die Eingebung niedergeschrieben hatte", berichtet Van Exem später. „Ich war sehr beeindruckt. Von Anfang an hatte ich das Gefühl, daß es eine echte Berufung war."

Nach Selbstbefragungen, nach tagelangen Gebeten und Gesprächen mit Van Exem beschließt Schwester Teresa, Rom um die Erlaubnis zu bitten, aus dem Loreto-Orden austreten zu dürfen. Sie möchte aus dem Kloster in die Welt zurückkehren, ohne jedoch – und darin unterscheidet Teresa sich von anderen Ordensstiftern – das Dach der Katholischen Kirche zu verlassen.

Anfangs steht Schwester Teresa allein. Hinter den Mauern seiner Residenz kann der Erzbischof Kalkuttas, Monsignore Perier, der Vorstellung wenig abgewinnen, eine Europäerin sich um Slum-Bewohner kümmern zu sehen, noch dazu in Zeiten politischen Aufruhrs. Van Exem gelingt es, den Kirchenfürsten umzustimmen. Am 12. April 1948 erteilt Papst Pius XII. seinen Segen: Teresa darf als Nonne außerhalb der Klostermauern, mitten unter den Armen, leben und arbeiten. Sie darf sich zur Welt hinwenden, um sich rückzugründen in Gott. Am 17. August 1948, kurz vor ihrem 38. Geburtstag, legt Teresa zum ersten Mal ihren eigenen Sari an. Er hat blaue Borten, wie die Gewänder der einfachen Bengalinnen.

Schwester Teresa unterzieht sich einer mehrwöchigen Ausbildung in Erster Hilfe. Bei den Kleinen Schwestern der Armen findet sie Obdach und beginnt, in einem *Bustee* Entallys Slumkinder zu unterrichten: „Ich griff nach einem Stock und benutzte ihn wie einen Stift auf dem Boden, wo die Kinder saßen." Sie hat weder Tische noch Bänke, hockt inmitten von Schmuddelkindern neben einem Jauchepfuhl: „Wer regelmäßig kam, erhielt ein Stück Seife als Anerkennung für seinen Eifer."

Mit einer ersten Spende wird eine Hütte gemietet, es folgt eine Krankenstation, um die vielen Leprösen, die von ihrer Familie ausgestoßen sind, zu versorgen. Die „Slum-Schwester von Entally", wie sie genannt wird, arbeitet von früh bis spät. Die Armen sind erstaunt, daß eine weiße Frau sie voll und ganz akzeptiert und dies ohne jedes Eigeninteresse. Jede gespendete Rupie wird weitergegeben, Schonung für sich selbst gibt es nicht: „Wenn ich diesen Menschen in ihrer Armut und ihrem Leid nicht helfen kann", betet sie in dieser Zeit, „laß mich wenigstens mit ihnen sterben, ihnen nahe sein, damit ich ihnen so Deine Liebe zeigen kann."

Teresa hat Helferinnen, doch merkt sie nach einer Weile: „Um diese Arbeit längere Zeit durchhalten zu können, braucht man eine größere Kraft, die einen unterstützt. Nur ein religiöses Leben kann diese Kraft geben." Eine ehemalige Schülerin Teresas ist Subashini Das, die später Teresas Mädchennamen Agnes annehmen wird. Am 19. März 1949 schließt sie sich Teresas Arbeit an. Subashini-Agnes wird die *Number Two* des Ordens werden. Andere ehemalige Schülerinnen folgen. Wie die Jünger Jesu sollen sie paarweise zu den Ärmsten der Armen gehen. Sie sollen – soweit es das mörderische Klima Kalkuttas zuläßt – die gleiche Nahrung, die gleiche Handvoll Reis zu sich nehmen

wie die Ärmsten. Gemeinsam mit Van Exem entwirft Teresa die Satzung für ihren Bettelorden.
Am 7. Oktober 1950 nimmt die Heilige Kongregation in Rom die Ordenssatzung der „Missionarinnen der Nächstenliebe“ an. Sie ist im Geiste des Hl. Franziskus abgefaßt und besteht aus 275 Regeln. Neben Armut, Keuschheit und Gehorsam haben die künftigen Ordensschwestern ein viertes Gelübde abzulegen: „Den Ärmsten der Armen von ganzem Herzen ohne Gegenleistung zu dienen.“ In den ersten Sätzen der Konstitution wird der Missionsauftrag beschrieben: „Wie Jesus von seinem Vater gesandt wurde, so sendet er auch uns und erfüllt uns mit seinem Geist, damit wir seine Gute Botschaft der Liebe und des Mitleidens unter den Allerärmsten auf der ganzen Welt verkünden. Unsere ganze Mühe soll darauf gerichtet sein, Menschen aus allen Völkern Kunde von Jesus Christus zu geben.“

Es geht voran. Im Februar 1953 erwerben die Schwestern mit einem Kirchendarlehen ein Wohnhaus in der Lower Circular Road 54a (der heutigen J.C.R.Bose-Road). Es wird das Mutterhaus, das Hauptquartier der Missionarinnen. In ihren öffentlichen Reden erwähnt Mutter Teresa gern eine alte Frau, die sie in ihren ersten Monaten in Entally getroffen hat. Sie lag halb zerfressen von Ratten und Maden auf dem Gehweg. Die Krankenhäuser weigerten sich, die Sterbende aufzunehmen, es habe ja ohnehin keinen Zweck mehr: „Damals beschloß ich, einen Ort für Sterbende zu suchen und mich dort selbst um sie zu kümmern.“ Ein befreundeter Arzt der Gesundheitsbehörde stellt den Schwestern ein ehemaliges Pilgerhospiz im Tempelbezirk Kalighat zur Verfügung, in dem inzwischen Huren ihren Geschäften nachgingen: So entsteht 1954 „Nirmal Hriday“, das Heim des reinen Herzens. Kein anderer Ort verkörpert so sehr den Geist Teresas, kein anderes Heim ist weltweit so bekannt geworden wie das Sterbehaus in Kalighat. Mehr als 60 000 Menschen sind bis heute hier in Würde und Erbarmen aufgenommen worden.

Die ersten Monate sind schwer. Gerüchte werden verbreitet: Die merkwürdige Nonne aus Europa habe ihr Haus eröffnet, um wehrlose Hindus noch auf dem Sterbebett zum Christentum zu bekehren; es wird von *par force* verabreichten letzten Ölungen gewispert. Die Brahmanen-Priester des benachbarten Kali-Tempels verlangen die Schließung des Sterbeheims. Steine werden gegen die Türen geworfen. Erst als die Priester eines Tages beobachten, wie sich Teresa um einen todkranken Brahmanen kümmert, den alle Krankenhäuser der Tür gewiesen hatten, und wie sie ihn später nach Hindubrauch am Ganges verbrennen läßt, erst dann stellt sich Vertrauen ein: „Dort ist ein Standbild aus schwarzem Stein. Hier haben wir eine lebendige Kali“, meint jemand.

Die Lage der Kinder in der Megapolis Kalkutta ist kaum besser als die der Sterbenden. Bisweilen liegen Säuglinge auf Abfallhaufen. Sie wurden weggeworfen, weil ihre Mütter zu jung

waren oder sich kein Mädchen leisten konnten. 1955 eröffnen die Schwestern das erste Kinderheim: „Shishu Bhawan“.
Je länger sie in den Elendsvierteln arbeitet, desto deutlicher wird Mutter Teresa, wie viel noch getan werden muß. Doch in den ersten zehn Jahren eines neuen Ordens untersagt das kanonische Recht die Einrichtung von Heimen außerhalb der Diözese. Kaum ist die Frist abgelaufen, eröffnen die Schwestern Häuser in Ranchi und Delhi. Premier Nehru ist bei der Zeremonie anwesend. Er ist es auch, der dafür sorgen wird, daß die Armenschwester aus Kalkutta als erste Nicht-Inderin den Padma-Shri-Preis erhält, die höchste Auszeichnung der Republik Indien.

Mit der Bekanntheit des Ordens nimmt auch das Spendenaufkommen zu. 1961 erhält Mutter Teresa Land in der Nähe Kalkuttas geschenkt, um die Lepra-Kolonie Shantinagar einzurichten. 1965 wird Schwester Dolores nach Venezuela geschickt, um dort unter landlosen Sklavennachkommen das erste Zentrum außerhalb Indiens aufzubauen. Wie auch später immer reist Mutter Teresa selbst zur Weihe des neuen Hauses, und in Venezuela sieht sie, daß Indien mit seinem Elend nicht allein steht: „Wir müssen in alle Länder gehen.“ So geschieht es. 1967 wird ein Haus in Colombo eröffnet, 1968 in Rom und Tansania, 1969 ein Haus für alkoholkranke Aborigines in Australien. 1979 das erste Projekt in Deutschland, eine Suppenküche für Nichtseßhafte in Essen.
Weil einige körperlich schwere Aufgaben wie das Herumtragen von Leprakranken von Männern leichter zu erledigen sind, gründet Teresa 1963 einen Brüderorden. Die inzwischen 400 Missionsbrüder und 30 -priester leben in Gemeinschaftshäusern, weniger zurückgezogen jedoch als die Schwestern. Sie tragen auch keine Tracht, so daß sie sich nur durch ihr Handeln zu erkennen geben.
Zur gleichen Zeit entsteht ein Netzwerk von Laienhelfern: den *Co-workers.* Es sind Menschen, die etwas zu Teresas Werk beitragen wollen, ohne gleich ins Mutterhaus zu ziehen. So arbeiten die Co-worker als Freiwillige in Krankenhäusern, Altenheimen, Gefängnissen.
Bereits 1953 ist eine „Vereinigung der Kranken und Leidenden“ ins Leben gerufen worden, die durch Gebet und Fürbitte die Arbeit der Schwestern unterstützen wollen. Es sind heute etwa fünftausend Menschen, die je eine Missionarin ideell adoptiert haben.

Ende der sechziger Jahre gibt es 25 Häuser in Indien. Dennoch ist die Arbeit der Schwestern außerhalb Indiens wenig bekannt. Erst die Verehrung, die Papst Paul VI. Mutter Teresa während seiner Ostasienreise 1964 entgegenbringt, macht die Nonne weltberühmt. Der Papst schenkt dem Orden seine weiße Prunklimousine. Teresa versteigert sie und errichtet eine Aussätzigenstation.
Der Vatikan möchte die Arbeit Teresas auch symbolisch unterstützen. Er erhebt den Orden in den Rang einer pontifikalen Kongregation, womit die Schwestern von nun an direkt dem Heiligen Stuhl unterstehen und nicht mehr dem Bischof von Kalkutta. 1971 verleiht Paul VI. der

Nonne aus Kalkutta den Friedenspreis des Papstes: Es ist die hohe Zeit der Befreiungstheologie, und der Heilige Stuhl ist froh, den Ländern der Dritten Welt zeigen zu können, daß auch einer papstgetreuen Ordensschwester das Leiden der Armen am Herzen liegt. Das Preisgeld wird für den Ausbau von Shantinagar verwendet.

Zu dieser Zeit erkrankt Teresas Mutter. Sie lebt zusammen mit ihrer Tochter Aga in Tirana, der Hauptstadt des stalinistischen Albanien. Vergeblich bemüht sich Teresa um eine Besuchserlaubnis. Im Juli 1972 stirbt Drana Bojaxhiu, ohne ihre berühmte Tochter jemals wiedergesehen zu haben. Auch Aga wird wenig später in Tirana sterben.

1973 wird die Nonne aus Kalkutta zur ersten Trägerin des „Templeton Preises". Aus zweitausend Nominierungen ist sie von einer Jury der großen Weltreligionen ausgewählt worden.

1979 schließlich wird Mutter Teresa eine der höchsten Auszeichnungen zugesprochen, die die Menschengemeinschaft einem der ihren zuerkennen kann: der Friedensnobelpreis. Spätestens seit diesem Tag ist Mutter Teresa weltweit bekannt und zu einem universellen Gewissen in der Tradition von Albert Schweitzer und Martin Luther King Jr. aufgerückt. Ihre beiden ersten Postulantinnen, die Schwestern Agnes und Gertrud, begleiten sie nach Oslo. „Wo andere nur Klienten oder Kunden sehen, sieht sie Kollegen", heißt es in der Laudatio, „eine Beziehung, in der nicht von einer Seite Dankbarkeit erwartet wird, sondern die auf gegenseitigem Verständnis und Respekt und auf einem menschlich warmen und bereichernden Miteinander beruht. Das ist das Leben von Mutter Teresa und ihren Schwestern – ein Leben in strenger Armut und tage- und nächtelanger Mühsal, ein Leben, das wenig Platz für andere Freuden als die allerkostbarsten bietet." Die Laureatin antwortet: „Persönlich habe ich diesen Preis nicht verdient, aber im Namen der Armen nehme ich ihn gerne an." Das Festbankett wird auf Bitten Teresas abgesagt, das gesparte Geld den Bedürftigen gegeben.

Nach der Verleihung des Nobelpreises verstärkt sich die Reisetätigkeit der Ordensfrau. In fast alle Länder wird sie zu Vorträgen und Ehrungen eingeladen. Die Luftfahrtsgesellschaften schenken ihr Freiflüge. Doch ihr Körper mag sich dem Tempo nicht fügen: 1983 stellen die Ärzte Herzprobleme bei Mutter Teresa fest. Sie wird in ein christliches Krankenhaus in Rom eingeliefert. Sogar das belgische Königspaar reist an, um sich nach ihrer Genesung zu erkundigen.

Sechs Jahre später läßt das Herz endgültig nach. Mutter Teresa liegt in der Intensivstation. Die Zeitungen Kalkuttas veröffentlichen tägliche Krankenbulletins. „The Week" schreibt: „Seit dem Tod Tagores hat die Krankheit eines einzelnen die Menschen in Kalkutta nicht mehr so bewegt." Am 9. September wird ihr ein Herzschrittmacher eingepflanzt.

Das große Erdbeben in Armenien 1988 zeigt aller Welt den zerrütteten Zustand des Sowjetimperiums. Die Missionarinnen helfen mit Krankenstationen und Zelten. Das kommunistische System liegt in Trümmern. Mutter Teresa ist die erste Missionarin, der von Gorbatschow gestattet wird, eine Armenstation in Moskau zu eröffnen, es folgen Tiflis und Baku. Ausgerechnet zum Geburtstag der Großen Französischen Revolution wird Mutter Teresa 1989 zur „Frau des Jahres" gewählt. Das Pendel der Aufklärung schlägt zurück.

Bereits in ihrer Nobelpreisrede hat Mutter Teresa jene Länder verdammt, die Abtreibungen legalisieren. Mit den Jahren wird der Kampf für das ungeborene Leben Hauptinhalt ihrer Auftritte im Ausland: „Ein ungeborenes Kind zu töten, ist ein Versuch, Gott auszulöschen. Abtreibung ist der größte Zerstörer von Frieden", erklärt sie. Keine Position vertritt sie mit größerem Nachdruck, keine auch wird ihr soviel Skepsis und offene Ablehnung eintragen wie diese. Für viele wird Mutter Teresa zur Vertreterin eines konservativen katholischen Dogmatismus.

Ihr Biograph Malcolm Muggeridge schreibt: „Kirchliche Autorität ist etwas, das sie in derselben fraglosen Art annimmt, wie Bauern das Wetter oder Seeleute die Stürme auf See. Es würde ihr niemals einfallen, sie besonders zu verehren oder in Frage zu stellen."

Mit der gleichen Schärfe wie Papst Johannes Paul II. verurteilt auch Mutter Teresa die künstliche Empfängnisverhütung; eine Haltung, die ihr angesichts der Aids-Epidemie zum Vorwurf gemacht wird. Als in Irland ein Kirchenstreit wogte über die Frage, ob eine vergewaltigte Minderjährige ihr Kind austragen müsse, erklärte Teresa am Pilgerschrein von Knock: Auf Irlands Boden dürfe weder Abtreibung noch künstliche Empfängnisverhütung zugelassen werden.

Mit 85 Jahren hat Mutter Teresa ihr Lebensziel erreicht. 3300 Schwestern arbeiten in 115 Ländern der Erde, in 543 Häusern des Ordens. Sie leiten Aids-Zentren in New York, eine Suppenküche in Berlin und Alkoholiker-Häuser in Australien. Es gibt Waisenheime in Kuba, Irak, Libyen und dem Sudan. Ihre Stellung innerhalb der Katholischen Kirche ist unbestritten. Obwohl sie nur eine einfache Ordensfrau ist, hat Mutter Teresa ständigen Zugang zum Papst. Ihr Name ist gleichbedeutend geworden mit Selbstentsagung, Barmherzigkeit und Güte. Sie ist die Samariterin des 20. Jahrhunderts. Jeder kennt ihre gebückte Gestalt, ihr Gesicht ist zur Ikone geworden. Aber wer ist sie eigentlich?

*Die Ordensgründerin mit ihren ersten Nonnen. Im Oktober 1950 hat der Vatikan die Satzung der „Missionarinnen der Nächstenliebe“ angenommen. Zwölf Schwestern zählt der Orden – zufällig die gleiche Zahl wie einst die Apostel Jesu.*

*Im Jahr 1979 wird
Mutter Teresa in Oslo der Friedens-
nobelpreis zugesprochen.
Seit diesem Tag ist die Nonne
aus Kalkutta weltweit bekannt.
Sie gilt als Weltgewissen,
wie vor ihr Albert Schweitzer und
Martin Luther King Jr.*

*Mutter Teresa hat das Ohr so grundverschiedener Menschen wie Königin Sophia, Jassir Arafat, Helmut Kohl, Jacques Chirac, Königin Elizabeth II und Prinzessin Diana. Mit Papst Johannes Paul II. verbindet sie eine besondere Seelenverwandtschaft.*

*„Man muß
immer die einzelne Person sehen,
diese eine, und dann jene eine,
immer nur eine auf einmal.“*

**MOTHER**

Wie einfach es ist, die Heilige zu sprechen. Sie hat Telefon. Es ist eine siebenstellige, bei der Auskunft zu erfragende Nummer.
„Guten Tag, können Sie mir bitte sagen, ob sich Mutter Teresa gerade in Kalkutta aufhält?"
„Ich bin Mutter Teresa."
Eine dunkle, leicht lispelnde Stimme. Die Stimme sagt, sie sei nicht zu sprechen für Journalisten, so viel sei schon geschrieben worden, wo doch nur das Werk zähle und nicht der Mensch. Die Stimme gibt ihren Segen: *„God bless you."*

Auf also nach Kalkutta. Es soll keine Pilgerfahrt werden. Eher eine Entdeckungsreise zu einer unbekannten Berühmtheit, ein Besuch bei einer Ordensfrau, der an der Schwelle des dritten Milleniums mehr moralische Autorität zugesprochen wird als sonst einer Frau. Sie hat keine Bataillone. Doch Parteichefs, Großmächtige und Kanzler beugen sich zu ihr hinab, um die Botschaft der Nächstenliebe zu vernehmen, Tyrannen leihen ihr das Ohr. Mutter Teresa ist eine Lichtgestalt, eine Fleischwerdung des Guten. Ihr Name wird in den meisten Fällen genannt, ob von Technokids, Rennfahrern oder Hollywoodstars, wenn Demoskopen nach einer wirklich integren, vom Schlechten gänzlich unberührten Person fragen. Nur der Dalai Lama ist noch reiner. Aber der ist ein Gott.

Mutter Teresa ist keine Göttin. Sie hat Telefon, und jeder kann sie anrufen. Oder sie besuchen. Es ist einfach, die Heilige zu besuchen, sie hat eine Adresse. Ein grauverputzter Neubau an der A.J.C. Bose-Road, einer brüllenden, von Teekochern, Ersatzteilhökern, Teilesortierern und Saftpressern wimmelnden Hauptverkehrsstraße. Hier im Zentrum von Kalkutta liegt das Hauptquartier des Ordens: das „Mutterhaus".
Neben der Eingangspforte ist eine Holztafel angebracht: „Mother Teresa. IN/OUT." Ein Schieber gibt Auskunft über An- oder Abwesenheit.

Lookin' for Mother?" Ein Herr mit Menjou-Bärtchen lehnt rauchend aus dem Fenster gegenüber. Ein monsunverwaschener Eigenbau. Mr. John Graham von „John's Packen und Transportieren GmbH" ist seit 26 Jahren Mutter Teresas Hausnachbar. An seinem Fenster, wo er mit Frau und Tochter gewöhnlich Halma spielt, sind schon die Queen vorbeigekommen und Bush und Carter und …: „Arafat – ein Männchen mit zwei großen Pistolen. Ich kenne sie alle. Alle Großen sind kleine Menschen, wenn Sie mich fragen. Nur bei Mother ist es umgekehrt. Klar kenne ich sie. Aber Sie wissen ja, wie das bei Nachbarn ist: Man sieht sich, grüßt sich, und doch geht jeder seiner Wege."
„Ist Mother für jeden zu sprechen?"
„Für jeden. Aber Sie werden sie nicht zu fassen bekommen. Na, probieren Sie's."
Die Pforte öffnet sich auf einen Innenhof. Um halb sechs ist der Konvent ein Waschhaus. Im frühen Morgenlicht der 60-Watt-Birne waschen und wringen junge Vestalinnen ihre Saris, schöpfen Wasser, schweben im Klappern der

Eimer stumm über ein Fließdelta aus Seifenlauge – und vergessen doch nie, sich vor der Madonna zu bekreuzigen.
Die Kapelle im ersten Stock des Mutterhauses ist eine neonbeleuchtete Fabrikhalle, in der ein amerikanischer Gastpriester gerade vom Martyrium der hl. Agnes und von der Verführungskraft des Fernsehens erzählt. Die Schwestern stehen barfuß in Reihe. Fernsehen ist ihnen verboten. Manche gähnen. Für sie ist es nach dem Morgengebet um 5 Uhr schon die zweite Andacht. „Dich allein preisen wir, Jungfrau Maria, gebenedeite ...“ singen sie jetzt. Immer lauter erwacht nun draußen auf der Straße der Riese Verkehr, hupend, knatternd, klingelnd, kreischend reckt er sich, um das Te Deum in der Kapelle zu übertönen mit dem betäubenden Rattern der Tram, mit Kindergeschrei, Gebell und Dieselgeruch.
Aber wo ist Mother? Da, am Eingang kauert ein kaum kniehohes Bündel, eine blaue Strickjacke, aus der groß wirkende, knorrig ineinander verschränkte Hände ragen: Mothers Hände.

Auf allen Fotos und Ikonen sind diese Bauernhände zu sehen, sie segnen, heilen, schützen und beten: Ihre Hände sind die Chiffren der Heiligkeit Mutter Teresas. Wenn sie, wie jetzt gerade, aus den Archivolten ihrer Finger wiederauftaucht, den Kopf gegen die Krümmung des Rückens nach oben gestemmt – dann ist sie, bis in den Faltenwurf, der Mater Dolorosa so ähnlich, als sei hier ein Körper mit den Jahren in eine unsichtbare Form hineingewachsen.
Mother kniet gleich unter dem Lichtschalter. Immer sitzt sie hier, kaum sichtbar, doch stets umsichschauend, ob auch jeder Gast den Plastikrosenkranz bekommen hat; und wenn sich jemand in der Liturgie verloren haben sollte, dann ist es Mutters Hand, die ihn auf den Pfad zurückführt. Sie scheint alles zu sehen, sich um jeden zu kümmern, der ihr der Nächste ist. Und kaum fällt der erste Lichtstrahl herein, reckt sich ein Arm und knipst die Neonröhren aus. Denn Verschwendung ist Diebstahl an den Armen, und den Ärmsten der Armen ist das Leben der Teresa aus Kalkutta geweiht. Für sie hat sie 1949 ihren Orden „Missionare der Nächstenliebe“ gegründet, für sie hat sie neben Keuschheit, Armut und Gehorsam noch ein Gelübde festgesetzt: „Den Ärmsten der Armen von ganzem Herzen ohne Gegenleistung zu dienen.“
Auch Mother muß gähnen. Dann läutet ein Glöckchen. Während die Schwestern, plaudernd und das Epistel vor die Brust gedrückt, ins Refektorium eilen, bleibt sie auf der Wandelgalerie stehen. Eine sehr blonde Dame aus Texas legt sich die Wurzelhand aufs Haar, andere Gäste versuchen, den Saum des Saris zu berühren. Teresa läßt es in Demut über sich ergehen, fragt nach Woher, Wohin und verteilt kleine Aluminium-Medaillons, die sie durch eine Berührung mit den Lippen segnet.

Wieviel Spender es wohl geben mag? Und wie mögen die 20jährigen Novizinnen, die meist aus besseren Verhältnissen kommen, das gestrenge Leben im Mutterhaus ertragen? „Fragen Sie Mother“, sagt Schwester Dina und lächelt. „Nur sie weiß es“, sagt Schwester Pris-

cilla, die zum inneren Zirkel gehört. Sie sagt es sehr bestimmt und lächelt nicht.
Wie klein sie ist. Teresas Körper ist zusammengeschrumpft wie ein Chagrinleder. Als wolle er sich der Welt entziehen. Ihr Sari mehrfach geflickt, die Sandalen, in denen sich auch die Zehen wie zum Gebet verschränken, würde jede Altkleidersammlung zurückgehen lassen. Diese Frau wird keine Kathedralen bauen. Und wie normal sie ist, wie unscheinbar. Graublaue Augen, wie halbgefrorenes Wasser.
„Mother. Darf ich Sie etwas fragen? Wieviel ..."
„Zahlen? Das ist nicht wichtig. Wer weiß schon die Zahlen." Ihre Hände sind kühl und fest und federleicht.
„Aber für einen Bericht brauche ..."
„Unwichtig. Soviel wurde schon geschrieben. Fragen Sie nicht, seien Sie kein Reporter. Sagen Sie: Ich. Außerdem gibt es nur einen, der die Antworten kennt." Sie weist mit dem Finger nach oben, himmelwärts in den dieselsatten Himmel von Kalkutta. „Sprechen Sie nicht mit uns, wir sind nichts. Lassen Sie IHN zu Ihrem Herzen sprechen."
„Aber wie ... Mother!"
„Seien Sie morgen um viertel vor acht im Sterbehaus."

Ich selbst also. Ich stehe am nächsten Morgen vor Nirmal Hriday, dem „Haus des reinen Herzens". Das ehemalige Pilgerhospiz liegt in Kalighat, dem von Devotionalien-Händlern, Huren und Pilgern übervölkerten Tempelbezirk Kalkuttas. Särge werden zimbelschlagend zur Brandstätte am Hooghly-Fluß getragen, ein Zicklein dem Altar der Kali zugeführt. Das Fleisch teilen später die Elenden unter sich auf – zu Ehren der großen und furchtbaren Göttin.
Als älteste Wirkstätte Mutter Teresas ist auch das Sterbehaus eine Art Heiligtum: „Mother's erste Liebe", sagt ein Schild am Eingang. Hierher werden aus den Rinnsteinen, den Bahnhöfen der Stadt die Halbtoten und Zerfressenen gebracht. Damit sie in Würde sterben können, wenn schon ein solches Leben ihnen nicht gegeben war.

In Decken geschlagen hocken die Todgeweihten auf ihren Liegen, wie Rabenvögel. Nur ihre Augen sind feucht und dunkel.
„Liebe Schwestern und Helfer, heute wollen wir des Paulus gedenken," beginnt die Oberin Sr. Dolores den Tag. „Paulus war nicht immer heilig. Nein, er war der böse Pharisäer Saulus, bis der Herr ihn rief. Das lehrt uns: Niemand ist verloren. Hier", die Oberin schiebt mich lächelnd in den Kreis: „unser junger Freund aus Deutschland kam als Reporter, nun bleibt er als liebender Helfer. Saulus – Paulus!"
Die Gruppe wendet sich einem Kästchen zu, in dem ein Marienpüppchen leuchtet. Die Madonna hat einen Orden umgehängt. Es ist Mothers Lotusorden, die höchste Auszeichnung der Republik Indien. Unter dem Schrein aber kauert auf Pritsche Nr. 32 der Bettler Abdul, dem sich die Wunden nicht schließen wollen. Und der jetzt die hochgewachsenen jungen Menschen aus Kalifornien, Tokyo und Paris vor sich stehen sieht, in ihren bunten T-Shirts und wie sie unverständliche Worte rezitieren: „Lieber Gott,

großer Heiler, ich knie vor Dir. Ich bitte Dich, gib meiner Hand Fertigkeit, Klarheit meinem Geist, Sanftmut und Mitgefühl meinem Herzen.“ Abdul wartet still aufs Frühstück.

Und doch. Es macht Sinn, daß diese „Überirdischen“ ausgerechnet vor dir, dem gottverlassenen Rabenmenschen Abdul, das Kreuz schlagen. Denn in jedem Siechen ist der Körper Christi, hat Mother gesagt, auch wenn der Körper schwärig ist und die Maden in ihm wühlen: Der liebende Dienst am Todkranken ist ein Gottesdienst. Das Sterbehaus mit seinen 105 Pritschen ist eine Kirche.
Ein Gotteshaus allerdings, das jetzt von Dampf und Plantschen erfüllt ist. Haarige, mit Pergament bespannte Skelette hocken im Waschraum und kippen sich Wasser über die Knochen, in Kesseln werden die verkoteten Decken der Nacht gewalkt, ein Greis mit riesigem Geschlecht zieht sich über den Zementboden, und die Dame aus Texas versucht durchzuhalten, was Dolores als Tageslosung ausgegeben hat: „Wir lächeln den ganzen Tag.“

Es dampft aus den Bottichen, die Freiwilligen singen Gospels. Aus einer Ambulanz wird ein neuer Körper gebracht, es scheint eine halbverbrannte Frau zu sein. Dem wimmernden Mann, in dessen Mumienkörper aus irgendeinem Grund immer noch Leben ist, kratzen zwei Schwestern die Würmer aus dem Fuß, und neben der Kammer, wo die Särge liegen, hocken Helferinnen und schneiden Zwiebeln und Kohl. Es wird geputzt, gekocht, gewaschen, bandagiert, alles in einem Raum, und jetzt trippeln auch Kinder mit Schultaschen durch den Sterbesaal, weil auf dem Dach der Unterricht beginnt.
Das ist eine eigenartige, erfrischend unromantische Mischung aus Pietät und Hemdsärmeligkeit. Nicht jede Geste der meist indischen Schwestern mit den drei blauen Streifen ist ikonenreif, aber sie lachen und scherzen mit den Patienten. Hier arbeiten keine Madonnen voller Mitleid sondern zupackende Handwerkerinnen der Nächstenliebe. Ralf ist ein Freiwilliger aus Frankfurt. Er sagt: „Ich habe in einem Münchener Altenpflegeheim gearbeitet. Es gab Ultraschall, Morphium, Röntgenbilder. Alles war generalstabsmäßig geplant, hocheffizient und professionell. Wie in der Fabrik. Und eben das ist der Unterschied. Mir ist der Schmutz und das absolute Gottvertrauen hier lieber.“
Seit 1952 gibt es das Haus der reinen Herzen. Ein ehemaliges Kassabuch verzeichnet die Ein- und Abgänge: „Lfd. Nr. 65644 Reman Sahabudin, 18 Jahre, Moslem, männlich, Tb, wohnhaft: Fußweg neben Sealdah-Station“ oder: „Nr. 65630, Nibadhitha, 12 Tage, Hindu, weiblich. Leiche nicht beansprucht.“ Die Krankenberichte werden mit Bleistift geführt und immer wieder ausradiert, um Papier zu sparen.

Die Sterbenskranken werden liebevoll gepflegt; medizinisch behandelt werden sie nur sehr rudimentär. Daß Tuberkulöse nicht isoliert liegen, daß Kanülen zwar sterilisiert, dann aber über Nacht bis zum neuen Gebrauch im Freien liegengelassen werden – das ist nicht wichtig.

Gott hat seinen Plan für jedes Erdenwesen. „Wir sind kein Krankenhaus, wir sind ein spiritueller Orden. Mother sagt: Gott hat uns nicht gerufen, um erfolgreich, sondern um reich an Glauben zu sein. Die Arbeit ist nur der Ausdruck der Liebe, die wir für Gott haben. Wir müssen unsere Liebe auf jemanden ausgießen. Und die Menschen sind das Mittel, unsere Liebe zu Gott auszudrücken", sagt die Oberin Dolores. Ich möge bitte verstehen: Es gehe nicht um die Kranken, es gehe um IHN.

Diese Haltung wird Mutter Teresa auch zum Vorwurf gemacht: „Die Missionaries haben Geld genug. Warum führen sie kein Armenkrankenhaus? Warum soll den Ärmsten nicht die gleiche medizinische Behandlung zuteil werden wie den Reichen?", wird sich Dr. Jack Preger fragen, dem ich später begegne. Seit 18 Jahren unterhalten er und seine Mitarbeiter zwei Straßenkliniken. Mit Mother kam es zum Bruch, als Preger begann, die Ärmsten der Armen auch über Familienplanung aufzuklären. Wie viele andere kritisiert der Arzt aus Wales, daß in Teresas Häusern die Siechen nur als Mittel zum Zweck benutzt würden: den Schwestern als Gottesdienst, den meist unausgebildeten Freiwilligen als Erfahrungslabor. „Viele der Sterbenden könnten durch professionelle Behandlung gerettet werden. *Loving care* allein genügt nicht, Schmerz läßt sich auch mit einer Doppeldosis Liebe nicht ertragen."

Dr. Jayanta Mukherjee kommt dreimal die Woche nach Feierabend mit seinem Motorroller im Sterbehaus vorbei: „Okay", sagt er. „Wir improvisieren mit den Medikamenten, die wir haben. Wir verabreichen bisweilen Valium, aber die ausgezehrten Körper unserer Klientel vertragen keine starken Schmerzmittel. Und vergessen Sie nicht: Wir sind in Indien, nicht in Europa. In dem Staatskrankenhaus, wo ich arbeite, streiten sich die Patienten mit Hunden und Katzen ums Essen." Mother würde sich gegen eine Professionalisierung der Fürsorge wehren. Sie möchte nicht, daß ihre Nonnen medizinische Kenntnisse erwerben. Sie sollen arm bleiben, schlicht im Geiste und ohne Gepäck. Schwer, sagt Doktor Mukherjee (der im übrigen ohne Gehalt arbeitet), sei es gewesen, überhaupt Bluttransfusionen oder die Sterilisierung von Nadeln durchzusetzen. Aber, sagt er, Dinge änderten sich. Heute werden im Operationssaal des Leprahauses Titagarh auch Amputationen durchgeführt. Nicht jeder Hindu-Bettler muß die Leidensstationen Christi durchleben, bevor er in den Himmel entlassen wird.

So hat das Sterbehaus auch einen Ausgang. Es kommt dank Doktor Mukherjee immer häufiger vor, daß die Moribunden sich erholen, daß sie eines Morgens auferstehen, ihr Bündel packen und wieder auf die Straße gehen. Ohne ein Wort des Dankes, denn Arme sind unbescheiden.

Sie genießen es sichtlich, die stets lächelnden Weißen herumzukommandieren. Bestellen Kamm und Rasur, beschweren sich lautstark, wenn das vorgeschriebene zweite Ei nicht im Blechnapf liegt. Die Ärmsten der Armen sind nicht automatisch auch die Besten der Guten.

Sie sind hart, weil sie keine Kraft mehr zur Güte haben.
Und selbst hier, in der Vorhalle des Jenseits, gibt es zwei Kasten. Sie sind in den Krankenbüchern als *Ups* und *Downs* gekennzeichnet. Die Pritschen der hoffnungslosen Fälle stehen zu ebener Erde, die anderen etwas höher auf einem Treppenabsatz. Wie Raben hocken die Ups und sehen ruhig zu, wie weit, weit unter ihnen – ein Down den Mund aufreißt, den stoppeligen Kopf im Nacken, wie er stöhnt und hustet. Sie haben schon zu viele sterben sehen. Die blonde Helferin versteht nicht, was der alte Bengale wimmert. Sie streichelt dem Greis den welken Arm, mit langsamen, betont liebevollen Bewegungen, als wenn ein Kind mit einer Puppe spielt.

Mike de Jong aus Vancouver, ein 60jähriger Versicherungsmakler, ist seit fünf Monaten Freiwilliger im Sterbehaus. Obwohl zwei Drittel der Patienten Tuberkulose haben, lehnt er Mundschutz und Handschuhe ab: „ER wird Sorge tragen." Für ihn ist das Waschen virensatter Decken ein Gottesbeweis. Ich tauche die Hände lieber in das Weihwasserbecken in der Ecke. Es ist mit Desinfektivum gefüllt.
Die meisten Freiwilligen wohnen auf eigene Kosten in den Hotels der Sudder Street. Alle haben die „Stadt der Freude" von Dominique Lapierre gelesen, aber kaum jemand leidet unter Helfer-Syndrom: „Ich will eine Erfahrung machen. An keinem anderen Ort der Welt kann ich wie eine Krankenschwester mit Schwerstkranken arbeiten, ohne Ausbildung und ohne jedes Attest", sagt die Dänin Astrid. Sie hat für den nächsten Monat noch einen Trommelkurs in einem Ashram gebucht. Aber warum auch nicht, weshalb sollen auch die Helfer leiden?
Alle paar Stunden zieht eine Touristengruppe durchs Haus des reinen Herzens. Mutter Teresas Sterbehaus ist Teil jeder Kalkutta-Tour. Mother erlaubt es, weil nur durch den Anblick der Armut die Herzen der Satten bekehrt werden könnten. Es ist eine Schockbehandlung. Vier schluchzende Japanerinnen müssen hinausgeführt werden, sie schützen ihre Gesichtchen vor dem Anblick der Rabenmenschen, überwältigt vom Leid und gerührt von der eigenen Rührung. Dabei liegt da nur Nr. 22. Dem geht es gut heute. Er wird gleich rasiert werden und hat schon zwei Mal Tee bekommen, und wenn er so gräuslich agonierend die Hand reckt, will er nur sagen: Mein Bein liegt quer, ich spüre es doch nicht, und außerdem möchte ich jetzt meinen Spucknapf.

Ich helfe. Drücke gespendete Mixed Pickle-Portiönchen der „Air India" aus, kämme, füttere, wasche und lasse bunte Pillen in dunkle Münder fallen, warte, daß ER zu meinem Herzen spricht.
Dann ist da Sahabudin, der Junge auf Pritsche 33, den sie aus Bihar gebracht haben. Er hat sich erst nicht waschen lassen wollen, hat gefragt, was mit seinen Habseligkeiten geschehe, die er in einer Plastiktüte aufbewahrt. Die Schwindsucht hat seinen 18jährigen Körper abgenagt wie einen Hühnchenrest. Jetzt zittert er und wimmert, und ich verstehe ihn nicht. Er klammert sich an mich wie an einen großen

Bruder und hustet und würgt und hat Augen wie – wie ein kleiner Bruder. Über Sahabudin hängt ein Foto des Besuchs vom Heiligen Vater in Kalighat und ein Ausspruch der Mutter. Sahabudin kann nicht lesen, was da in Englisch geschrieben steht. Ist wohl auch besser so: „*The greatest aim in life is to die in peace with God* / Das größte Ziel im Leben ist es, in Frieden mit Gott zu sterben (Mother)."
Als ich zwei Tage später wiederkomme, ist die Pritsche 33 leer. Dafür liegen im Nebenraum der Küche drei Bündel in Laken gerollt. Aus einem schaut ein paar Füße heraus. Es sind staubige, hornige Füße, und Sahabudin braucht sie nicht mehr.
Auf dem Boden steht auch ein Milchpulver-Karton. „*Shockproofed?*", fragt Mike, bevor er den Deckel hochklappt: Das Neugeborene ist schon mit Kalk bestreut. Die Schrift an der Wand der Kammer sagt: „*I'm on my way to heaven* / Ich bin auf meinem Weg in den Himmel."

Für die Toten gibt es keine Messe. Sie werden zusammengebunden zu einer letzten, ewigen Umarmung und auf eine Bahre gelegt. Wir tragen sie durch die Küche, an den gleichmütig essenden Kranken vorbei auf die Straße. Eine Hand fällt heraus. Ein brauner Hund schnuppert daran, Kinder schauen kurz herüber oder bleiben mit gekreuzten Armen stehen. Die Körper riechen. Weil nie viel Leben in ihnen war, setzt die Verwesung schnell ein. Wir schleppen sie zum städtischen Verbrennungsort am Hooghly-Fluß. Der Geruch wird noch lange an den Händen kleben.
Zwei Stunden liegen Bündel und Karton in der Sonne. Eine Krähe kommt und setzt sich nieder. Rings um die Feuerstätte ist Wäsche aufgehängt, die Kinder der Leichenbrenner spielen Murmeln, und ein Hund liegt zusammengerollt in der Asche der Toten. Dann hat Kuli Dababrata fertiggeraucht und fängt an, Äste aufeinanderzuhäufen. Es ist heiß und friedlich. Das Holz brennt ohne Flammen. Alles geht in Rauch auf und steigt gen Himmel. Fast alles. Klein-Bruder Sahabudins linker Fuß nicht. Den haben die Krähen schon weggepickt.

Gegenüber vom Mutterhaus beugt sich wieder Nachbar Graham John aus dem Fenster.
„Wie war's im Sterbehaus?"
„Nicht sehr romantisch."
„Ich sage Ihnen was: Die Freiwilligen dort huldigen ihrer Göttin der Barmherzigkeit, und die Opfergabe sind sie selbst. Das Sterbehaus ist ein Herz-Schrittmacher für frustrierte Europäer. Ort der reinen Herzen und des reinen Gewissens. Die sollten lieber ihr Flugticket spenden, davon hätten die Armen mehr."
Mag sein. Mag ja sein. Aber warum muß ich immer an Sahabudins Fuß denken? Diesen Blick, als er sich den schmerzenden Brustkorb drückte?

Der Schieber am Mutterhaus sagt: „Mother IN." Ich gehe hinauf.
Im Treppenaufgang hängt eine Weltkarte zu Füßen Christi. Sie erinnert jede Nonne täglich daran, wie groß die Aufgabe ist, die Mother ihnen gestellt hat. In 115 Ländern gibt es mitt-

lerweile 543 Pflegeheime, Waisenhäuser, Suppenküchen und Aidszentren – 543 „Tabernakel", wie Mutter Teresa sagen würde. Sie war es, die als erste Missionarin Zutritt zum Sowjetreich bekam. Sie hat Libyen und Irak, Kuba und Sudan erobert. Und doch gibt es noch einen weißen Fleck: „Bevor Mother in Frieden sterben kann, möchte sie ihrem Herrn noch China schenken", sagt Schwester Fabienne, eine ehemalige Benediktinerin aus Frankreich. Nur noch ein Haus in China – dann erst kann sie gehen.

Den Großteil ihres weltlichen Tages verbringt Mutter Teresa auf der Wandelgalerie im ersten Stock. Auf dem Umgang ein Vexierbild aus Lourdes: Beim Vorübergehen wird aus dem Schmerzensmann das Antlitz des Grabtuchs aus Turin. Die Dornenkrone verschwindet, eine Auferstehung en passant.

Der schmale Kreuzgang ist Audienzsaal und Kommandobrücke. Er verbindet die Kapelle mit dem Büro, schlägt die Brücke zwischen Geist und Welt. Hier werden die Fürbitten notiert: „Betet für sicheren Flug und ertragreiche Mission für Sr. Nelsia nach Wien via Rom, für Sr. Gretel nach Venezuela …" Hier werden auch die Spenden abgegeben, wird jeder Schein, jede Münze sorgsam zu Häufchen gelegt. Rücklagen und regelmäßige Almosen lehnt Teresa ab, weil es dem Armutsgelübde zuwiderlaufen würde. Sie hat es ihren Freunden untersagt, Spenden in ihrem Namen zu sammeln. „Gott wird für Geld sorgen, wenn es gebraucht wird." Mother akzeptiert weder zweckgebundene Spenden noch schaut sie, ob der Spender saubere Hände hat. Jedem Almosenbringer, der an die Pforte klopft, dankt Mutter Teresa persönlich mit einem gelben Segenskärtchen. Darauf ist ein Vierzeiler gedruckt: Die Frucht der Stille ist das Gebet / Die Frucht des Gebets ist der Glaube / Die Frucht der Liebe ist der Dienst / Die Frucht des Dienstes ist Frieden." Auf die Karte schreibt sie *„God bless you M Teresa"*. Es ist die Handschrift einer Lehrerin, jeder Bogen sorgfältig ausgefahren und mit kräftigem Druck.
„Mother …"
„Woher kommen Sie? Aus Berlin? Ah, da haben wir auch ein Zentrum. Sie haben nur ein Haus, ich habe 543 Häuser und …"
„Mother, was geschieht mit all den Geldern?"
„Oh, das Geld. Was die Menschen uns bringen, wird sofort ausgegeben. Wir betteln nicht. Für Morgen sorgt Gott, so wie er für die Lilien auf dem Felde sorgt. *God bless you.*"

Es ist unmöglich. Eine multinationale Organisation, deren Spendenaufkommen auf 50 Millionen Dollar geschätzt wird, kann so nicht verwaltet werden. Nicht mit einem einzigen Telefon, dem in Mothers Zelle. Nicht mit sechs mechanischen Schreibmaschinen. Nicht ohne Finanzplanung, Rücklagen und Haushaltsrahmen. Nicht in jeder Entscheidung abhängig von einer 85jährigen Greisin, in deren Gedächtnis kein Tag mehr hängenbleibt. Es kann nicht funktionieren. Nicht so.
Es funktioniert.
Seit 45 Jahren.

Mother regiert die 3300 Schwestern ihres Ordens mittels kleiner gelber Kärtchen, auf die sie mit Kugelschreiber Anweisungen schreibt. Ihre Sendschreiben werden per Kohlepapier vervielfältigt. Sie denkt nicht an Morgen sondern kümmert sich um das Nächstanstehende, so wie sie sich zeitlebens um ihren Nächsten gekümmert hat, spontan und nicht zu fassen.

Gewiß, es gibt einen „Generalsrat", fünf gewählte Schwestern, die von Mutter Teresa je nach Bedarf zusammengerufen werden – doch liegen alle Entscheidungen, die über das bloße Verwalten hinausgehen, nach wie vor in Mutters Händen: *„Ask Mother."* Fragen Sie Mutter, nur sie kann es sagen.
Ihre Allgegenwart hat Züge, die auf den Fremden grotesk wirken. Seit Mutter Teresas Kräfte nachlassen und sie, zeitiger als sonst, abends schon um zehn Uhr schlafen geht, achtet sie auf das kleinste Lichtlein in einem der Schlafsäle und schickt sogleich eine Botin, es zu löschen. Jede Ausgabe über 5000 Rupien, das sind 250 Mark, muß von der Ordensgründerin genehmigt werden, bevor sie aus dem braunen Tresor des Mutterhauses ausbezahlt wird. Über jede Rupie ist Rechenschaft abzulegen. Wenn Mother auf Reisen ist, ruhen die Geschäfte.

Das Geheimnis des Ordens ist, daß es kein Geheimnis gibt, keine schwarzen Kassen oder grauen Eminenzen. Nur ein unbedingtes Gottvertrauen. *„It works"*, sagen die Schwestern, und jede kann erzählen, wie sie gerade einen Mixer kaufen wollte, und schon zog jemand am Glockenstrang des Mutterhauses und hatte einen Mixer dabei. „Gott wird Sorge tragen. Believe me."

Ihr unbedingter Glaube ist die Stärke der Missionarinnen. Ohne ihn ließe sich das harte Leben im Geiste des hl. Franz nicht ertragen. Für das, was die Weltlichen Effizienz nennen, ist es katastrophal. Ein Beispiel: Bevor Oberin Imelda im Behindertenheim von Dumdum einen Schuppen abreißen durfte, um einen neuen Schlaftrakt zu bauen, vergingen lange Monate: „Mutter kam. Sie hörte zu, dann betete sie und sagte, nein, ihr Herz lasse den Abriß nicht zu", erzählt sie. „Also beteten wir weiter für den Neubau. Mutter kam noch einige Male. Immer beteten wir für sie. Eines Tages sagte sie: Es ist gut."

Mutter Teresa ist unfähig zu weltlicher Größe. Sie glaubt nicht an ausgeklügelte Organisation. Das kostet nur Zeit, die sie besser für die Armen verwendet. Jede Bürokratisierung ist ihr unheimlich, wie der Vorbote eines Verrates an den Allerärmsten. Es war im August 1993, als sie per Rundschreiben sämtliche Landesvertretungen ihrer Laien-Organisation „Co-workers" auflöste. Zehntausende von freiwilligen Helfern, Werbern, Almosensammlern wurden nach Hause geschickt. „Wir leben wie die Armen", sagte Mother. „Wir brauchen keine Büros und Gehälter und Versammlungen. Ich hätte das nicht erlauben sollen." Es hatte unautorisierte Spendensammlungen in ihrem Namen gegeben. Aber vor allem war ihr die Laien-Organisation ihres Ordens zu mächtig geworden, unerträglich der Gedanke, daß mit Almosen Faxapparate und Lohnsteuer bezahlt werden sollten. Die Boten der Nächstenliebe sollen ohne Gepäck kommen, sollen leben wie die Armen. „Um eine Heilige zu werden, muß man viel leiden", sagt Teresa. Im Sommer, wenn Kalkuttas Dächer in der Sonne glühen, gibt es keinen Ventilator im Mutterhaus, auch in Teresas Zelle nicht. „Sie hatte eines Tages sogar überlegt, ob sie nicht alle Orden, Diplome, Auszeichnungen verkaufen könnte, um den Armen zu helfen. Aber wir Schwestern haben sie schnell davon überzeugt, daß all das keinen Geldwert hat", berichtet Sr. Fabienne.

Pater Franklin Menezes, einer der Beichtväter des Ordens, der lange in Deutschland gearbeitet hat, meint: „Das System Teresa läuft, weil im Orden absoluter Gehorsam herrscht. Keine Diskussion: Mutters Wort ist Gottes Wort. Aber vor allem funktioniert es", fügt er hinzu, „weil Mother Sein Werkzeug ist."
Abends treffe ich auf einer Brahmanen-Hochzeit den Stadtplaner Nayak. Die Gäste trinken Whisky Sour, und die Mauern des Palastgrundstücks sind blickdicht mit Ketten aus Ringelblumen behängt. „Mother? Eine gute Frau, aber sie verdirbt das Image Kalkuttas, präsentiert dem Ausland eine 900-Millionen-Nation als hilfsbedürftig. Sie verteilt Almosen, und die Armen verhökern sie weiter, statt selbst zu arbeiten. Wir brauchen keine individuellen Aktionen, sondern bessere Politik", sagt er. Ein wenig Smog zieht über die Mauern und mischt sich mit den Parfüms, den Duftstäbchen und Essenzen der Oberschicht. „Inzwischen glaubt doch alle Welt, daß Kalkutta nur aus Sterbenden, Dreck und Mother besteht. Dabei haben wir 3000 herrliche Paläste, drei Golfklubs, einen Poloverein ..."

Gewiß, gewiß. Seit der Teilung Bengalens 1947, als ein Monsun aus Flüchtlingen Kalkutta überschwemmte, ist die Stadt zum Inbegriff des Unlebbaren geworden; zum Menetekel, zur Hölle – und damit zum Paradies der reinen Herzen, der Hilfswerke und Missionsschulen. Nur vor dem Mythos „Kalkutta", der Müll- und Massenstadt mit ihren Rattentempeln, konnte der Mythos „Teresa" entstehen. Nur vor dem trüben Hintergrund Kalkuttas gewann die kleine Gestalt im weißen Sari genügend Kontrast, um in alle Welt auszustrahlen.
So haben die Bewohner der Megapolis ein gespaltenes Verhältnis zu ihrer berühmten Mitbürgerin. Mother ist zugleich die Stadtheilige Kalkuttas und ihr schlechtes Gewissen. An die Schulen und Gefängnismauern ist ihr Runzelgesicht gemalt – aber die Reichen halten sich abseits, sie loben und spenden und schließen die Augen.

Und die Armen? Kalkutta ist eine Stadt, die zu sehr von Aktivität brodelt, als daß jene Menschen, die selbst gerade der Gosse entkommen sind, sich noch um den Greis kümmern wollten, der auf dem Pflaster darbt. Irrsinn und Siechtum sind Teil des Alltags, kein Grund für Ekel und auch kein Grund für Mitleid.

Ich gehe nach Dhapa, der Müllstadt, einer Landschaft aus Rieselfeldern, Schlamm und Müll. „Mutter Teresa" ist den Kloakenmenschen unbekannt. Sie lesen die Zeitungen nicht sondern verarbeiten sie zu Schnipseln. Ich gehe zur Howrah-Brücke, zum elendsten Ort der Stadt. Ich frage die Ärmsten, die sich aus Straßenkot Wände kneten. „Mother" ist ihnen keine Heilige, sondern eine Adresse, wo es jeden Mittwoch Pillen und Brot gibt – „wenn man es geschickt anstellt".
Kalkutta ist kein Ort für Sozialromantiker. Auch Teresas Schwestern machen sich keine Illusionen. Wenn sie paarweise durch die Kartonstädte ziehen, wissen sie, daß sie gerade von den Ärmsten der Armen als Milchkühe gesehen werden, selten als die Engel mit den blauen Streifen.

Die Missionarinnen der Nächstenliebe verteilen Hustensaft und Darmtabletten am Sealdah-Bahnhof, wo die Provinzzüge ankommen. Am Bahndamm von Titagarh lehren sie Lepröse Saris weben, und sie haben ein Kinderhaus im mittlerweile betonierten Slum „Stadt der Freude". Sie ziehen durch die Gerber- und Ganovensiedlung Prem Dan, verteilen Anrechtsscheine auf Almosen und kontrollieren, ob die Armen immer noch arm sind und bedürftig. Sie machen viele gute Dinge, und machen sie in der Regel gut. Sie tun, was auch viele andere Helfer tagtäglich in Kalkutta tun, und ohne Jesusbildchen an der Wand. „Aber", sagt Pastor Christiaan Minderhoud, Direktor des in Indien sehr engagierten Lutherischen Weltdienstes, „es wird immer einen Rest geben, um den sich nur die Schwestern Teresas kümmern."
Ich gehe ins Waisenhaus Shishu Bhawan, ein anderes Heiligtum des Teresa-Ordens. Hier treibt ein dunkler Rand der so bunten Gesellschaft Indiens an. Wo Mädchen nicht leben dürfen, weil die Eltern keine Mitgift ersparen können. Wo Schwangere für den Abort bezahlt, Föten gehandelt werden. Die Nachtseite Indiens.
Im ersten Stock des Hauses, an dessen Front steht: „Laßt uns etwas Schönes tun für Gott", gibt es einen Raum, den kein Besucher betreten darf. Als wäre hier das Allerheiligste des Ordens verborgen. Es ist der Raum der abgetriebenen Kinder.
In Brutkästen und Gitterbetten liegen Wesen, die im sechsten, siebten, achten Monat abgetrieben wurden und aus den Privatkliniken herausgeschmuggelt. Schwester Charmaine zeigt auf ein Äffchen, einen kaumgeborenen Kindergreis mit Kanülen in den Bleistiftarmen, der sich stumm im Brutkasten räkelt. „Ein Lastwagenfahrer fand es auf der Straße, in eine Zeitung gewickelt. Er hatte sich gewundert, daß Hunde daran schnüffelten." Die Hindu-Helferinnen haben dem Kind einen roten Fleck auf die Stirn gemalt, er soll Glück bringen.

Man mag streiten, ob es weise ist, in einem von Menschen überquellenden Land gegen Kondom und Pille zu Feld zu ziehen. Die Frage, ob abgetriebene Föten gerettet werden müssen, erübrigt sich zwischen den Alubetten des Schlafsaals von Shishu Bhawan. In jedem dieser Menschlein ist eine Welt gerettet worden.

Bis vor kurzem schmuggelte eine alte Krankenschwester die abgetriebenen Kinder einer Privatklinik unter ihrer Schürze ins Waisenhaus. Die Frau ist inzwischen gestorben, und ungezählte Kinder haben sie inzwischen wohl begleitet.

Die geretteten Babies werden später zur Adoption vor allem ins Ausland freigegeben, an Eltern aller Konfessionen. Für Schwester Charmaine ist jedes gerettete Kind ein Gottesbeweis: „Ich bringe sie alle durch, mit Seiner Hilfe", mit fünf Brutkästen und staunenswerter Herzenskraft und Intuition. Nur für das Greislein mit dem roten Punkt auf der Stirn soll es nicht ausreichen. An einem der nächsten Morgen liegt wieder ein Milchpulver-Karton im Sterbehaus.

Ich gehe auch nach Prem Dan, der ehemaligen Chemiefabrik. Im Schatten einer Werbetafel, groß und weit wie der Himmel – „Sei jung, hab Spaß, trink Pepsi" –, leben 300 geistig Behinderte in Frieden, geschützt durch eine glasgespickte Mauer vor den Anfeindungen der umliegenden Gerberslums. Es sind Menschen, die zusammengefaltet auf dem Boden hocken, vor sich hin brabbelnd, und mit den Augen rollen in harmlosem Wahn. Keiner will sie haben. Da sind Frauen, die ohne Prozeß 30, 40 Jahre im Staatsgefängnis saßen, vergessen von allen, bis Mother sie auslöste. Und die, jetzt schwachsinnig geworden, in Prem Dan ihr Gnadenbrot bekommen, als Gespenster ihrer selbst. Da ist die Bucklige, die sie Balu nennen, sie schnappt nach Fliegen, jault wie ein gähnender Welpe. Man fand sie vor 18 Jahren im Wald, ein ausgesetztes behindertes Kind, das von Bären aufgezogen wurde.

Die Menschen, die keiner will, ernähren sich von dem unaufhörlichen Ausstoß der indischen Schreibstuben. Wie um Rache zu nehmen für die Untätigkeit des Staates, leeren sie alte Aktenordner, zerreißen Quittungen, Belege, Vermerke und stampfen alles zu Altpapierballen, um sie zu verkaufen.

Ich gehe auch nach Titagarh, sehe, wie den Leprösen vom Bruderorden Teresas beigebracht wird, Saris zu weben. Und kein Leprakranker muß mit seinen Armstümpfen den Rosenkranz halten können, bevor er Aufnahme findet. „Wir bekehren", sagen die Brüder. „Wir machen aus einem Hindu einen besseren Hindu, aus einem Moslem einen besseren Moslem."

Ist das alles? Das ist alles. Diese katholischen Nonnen wissen nichts von Langzeit-Entwicklungsstrategien, von Hilfe zur Selbsthilfe, vom Überflüssigwerden der Helfer. Das Strategiepapier des Ordens ist das Evangelium, ihr Szenarium für die Slums ist die Bergpredigt, und sie verbringen mehr Zeit mit Beten als mit Barmherzigkeit. Denn sie sind keine Sozialarbeiter, keine Reformer, und sie sind auch keine Heiligen mit Goldrand, sie sind eben nur – katholische Nonnen. Nicht mehr und nicht weniger.

*„Mother IN"* steht am Mutterhaus in der Bose-Road. Nachbar John Graham spielt Halma. Er hat Neuigkeiten:

„Haben Sie gehört? Gestern sollte Teresa die neue Kirche drüben in Prem Dan eröffnen, das

Marmorschiff über den Jauchepfuhlen. Die gesamte Kirchenhierarchie Bengalens war versammelt, inklusive Bischof. Aber wo war Mother? Mother war verschwunden. Kurzfristig abgereist nach Mangalore, hieß es. Um irgendetwas zu entscheiden. Sie ist wirklich nicht zu fassen."
„Das war auch mein Eindruck. Ich reise ab."

Mother ist Mother. An ihren Werken sollt ihr sie erkennen. Einer Heiligen sieht auch der Klerus die Kaprizen nach."
„Ist sie denn wirklich heilig?"
„Mir ist sie eine gute Nachbarin. Aber für die anderen ... Sehen Sie doch nur!"
Oben auf der Wandelgalerie des Mutterhauses herrscht wieder Gedränge. Eine Gruppe von Frauen in bunten Saris beugt sich zu einer verwachsenen Gestalt hinab, die kaum über die Brüstung reicht, und versucht, ihre Sandalen zu berühren. An der Wand hängt ein Bronzerelief, und wenn man genau hinschaut, sind es die gleichen Gesichtszüge wie die des Weibleins.

Ihr ist das Himmelreich. Doch was wird werden auf Erden, ohne sie? Seit die Gestalt im weißen, dreifach gestreiften Sari zum Universalgewissen geworden ist, schrumpft ihr Körper und knotet sich zusammen. Teresas Körper hat sich schon verabschiedet. Ihr Herz durfte es nicht. Als es vor einigen Jahren aussetzte, bekam Mutter Teresa einen Schrittmacher eingepflanzt. Seither werkelt sie weiter wie eine unermüdlich sirrende Maschine. Ihr Gedächtnis verkürzt sich, die Tage und Menschen ziehen vorbei, ohne einen Abdruck zu hinterlassen. Jeder kann sie sprechen, bekommt seinen Segen und sein Alu-Medaillon.
Aber auch wenn der Schieber auf IN steht, ist Mother nicht zu fassen. Die Person zerrinnt zwischen den Fingern. Ihre letzten Jahre lebt sie in einem schmalen Abteil des Zeitzuges, kümmert sich um den Nächsten und das Nächstliegende, während draußen die Welt vorüberjagt. Für Morgen sorgt der Herr, und Gestern ist vergangen.
„Mother ..."
„Willkommen! Woher kommen Sie? Aus Berlin? Ah, da habe ich auch ein Haus. Ich habe 543 Häuser und ..."
Sie erkennt mich nicht.
„Mother, wer wird nach Ihnen kommen?"
„Das weiß nur einer." Die Wurzelfinger wachsen in den Himmel. „Er wird rechtzeitig für jemanden sorgen. Und plötzlich ist eine andere da, ich bin doch nicht wichtig. *He will provide.* Er wird Sorge tragen. *God bless you.*"
Es ist leicht, mit einer Heiligen zu sprechen. Es ist nicht schwer, sie zu besuchen. Es ist unmöglich, sie zu enträtseln. Jedenfalls in dieser Welt.

BJ '04

*Obwohl sie Katholikin ist, hat Mutter Teresa in Kalkutta den Status einer Stadtheiligen erlangt. Ihre Arbeit hat sie über den Streit der Religionen erhoben. Auf eine Gefängnismauer wurde ihr Bild gemalt, aus Dank dafür, daß sie sich für Inhaftierte eingesetzt hat.*

*In der stillgelegten Chemiefabrik von Prem Dan hat Mutter Teresas Orden ein Heim für geistig Behinderte und Alte eingerichtet. Der Schlafsaal der Frauen ist karg, doch sauber und ruhig, und es gibt Menschen, die sich kümmern.*

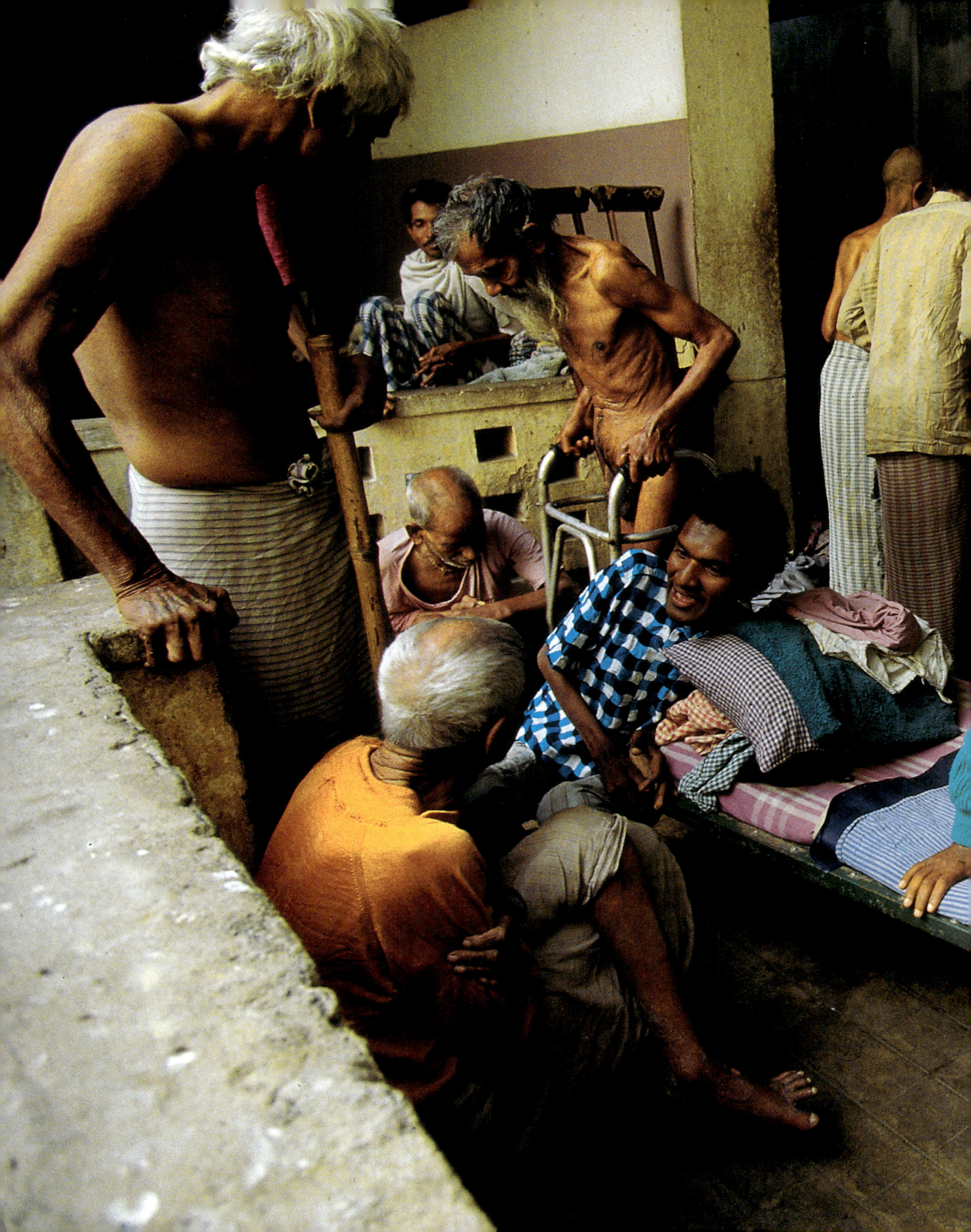

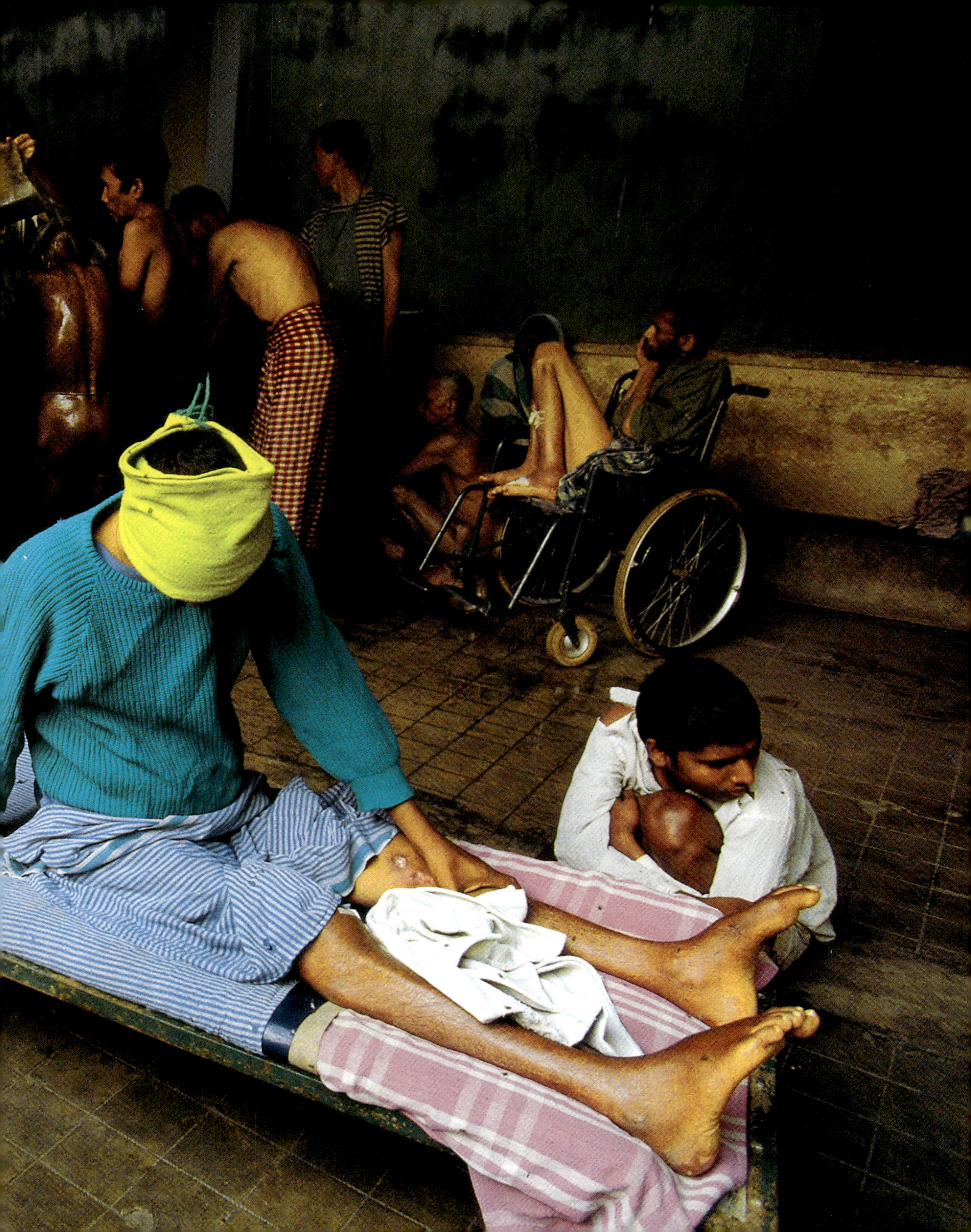

*Das Heim Prem Dan
liegt inmitten des Gerber-Slums von Kalkutta,
unweit der Straße zum Flughafen.
Auf dem Gelände haben 300 geistig oder körperlich Behinderte und
Alte ohne Familie ein Obdach gefunden.*

*Vor allem anderen möchten wir ihnen das Gefühl geben, daß sie erwünscht sind, damit sie menschliche und göttliche Liebe kennenlernen. (Mutter Teresa)*

*Baloo wurde diese Frau getauft.*
*Seit achtzehn Jahren lebt sie in Prem Dan.*
*Man fand sie im Wald, offenbar als Kind*
*wegen ihrer Behinderung ausgesetzt und von*
*Wölfen oder Bären großgezogen – so wie*
*Kiplings „Dschungelbuch“ es erzählt.*
*Baloo kann nicht sprechen.*
*Sie äußert ihre Gefühle durch Knurren, Jaulen*
*und große Zärtlichkeit.*

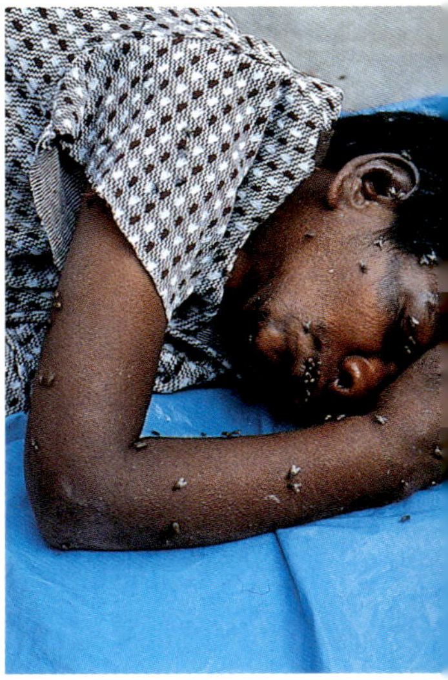

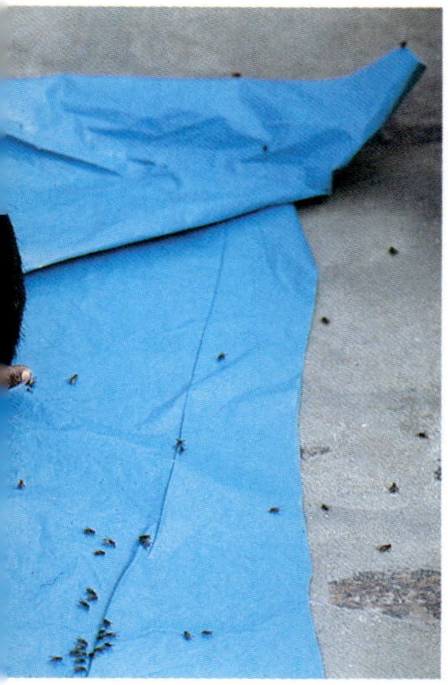

*In der Dschungelgesellschaft
von Kalkutta kommt Prem Dan einer Oase gleich.
Man muß gesehen haben, wie Behinderte auf
Verkehrsinseln oder am Rande von Müllkippen
ihr Leben fristen, um schätzen zu können, was es heißt,
sein täglich Brot zu bekommen.*

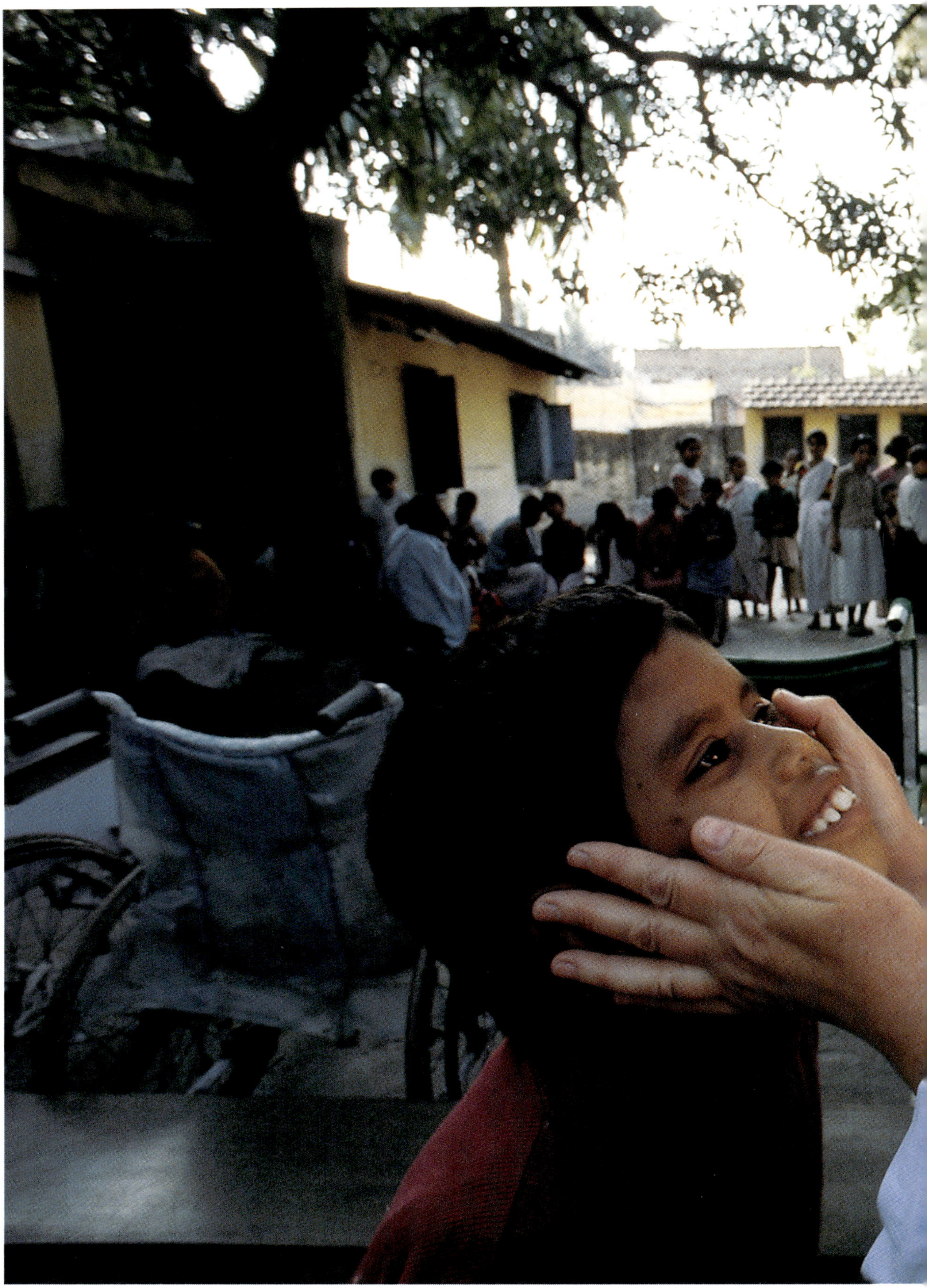

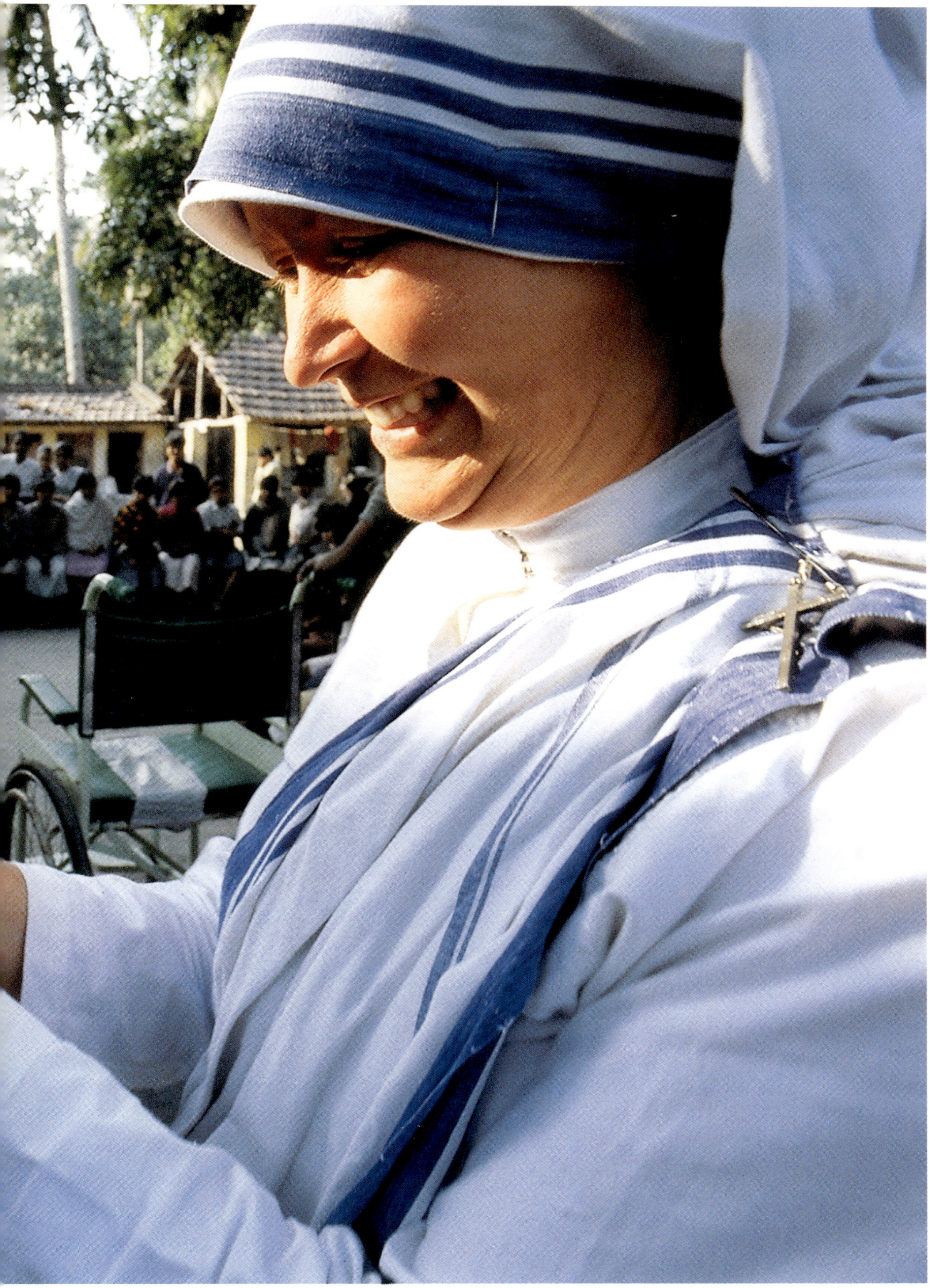

*Es gibt nicht genug Heime für die geistig behinderten Menschen in Indien. So vegetieren sie auf Bahnhöfen und in der Nähe von Märkten. Im Kennedy-Center Mutter Teresas wird 200 geistig Behinderten Schutz geboten.*

*In einer Slum-Schule, unweit vom Sealdah-Bahnhof: Schon zu ihren Lebzeiten ist das Gesicht der „Mother" Ikone geworden – für die Armen hängt sie Seite an Seite mit Maria, Jesus und Mahatma Ghandi.*

WELCOME

*Die Schwestern nehmen nur die jüngsten*
*in ihre Schulklassen auf. Schon Zehnjährige, sagen sie,*
*seien zu wild für den Unterricht.*
*Kein Wunder – sie haben meist schon ein halbes Arbeitsleben*
*als Müllsammler hinter sich.*
*Kind zu sein ist in Indien immer noch*
*ein Privileg für wenige.*

*Im Schatten von Bildstock und Palmen helfen Frauen ihren kranken Kindern mit Salben aus der Apotheke Prem Dans und Mutterliebe.*

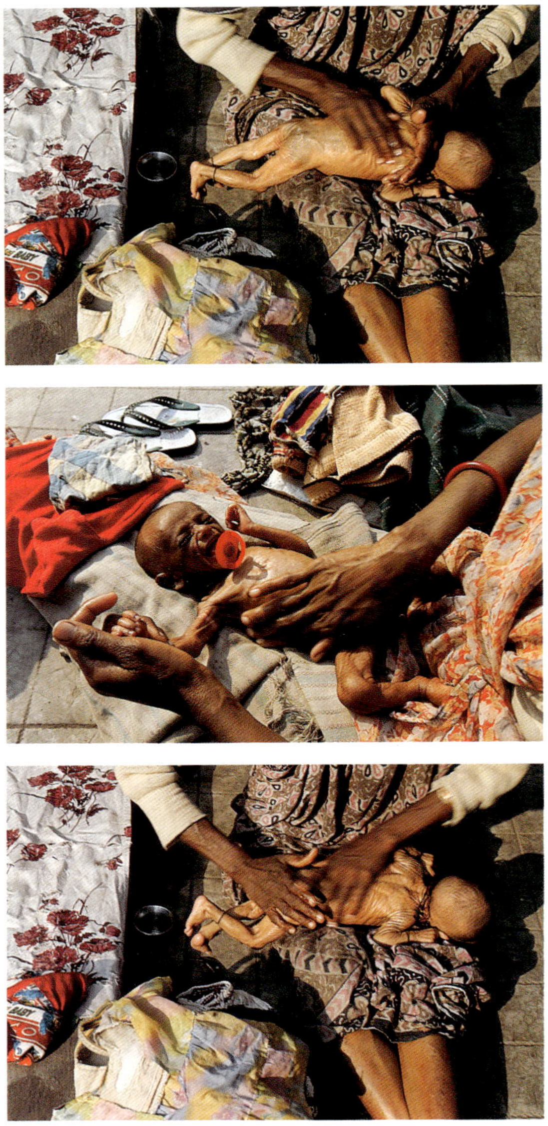

*Inderinnen aus den umliegenden Slums kommen mit ihren Kindern zur ambulanten medizinischen Versorgung. Sie werden registriert, erhalten Anweisungen zur Pflege ihrer unterernährten Babies. Sie massieren die Kleinen mit Pflegeöl und nehmen Medikamente mit nach Hause.*

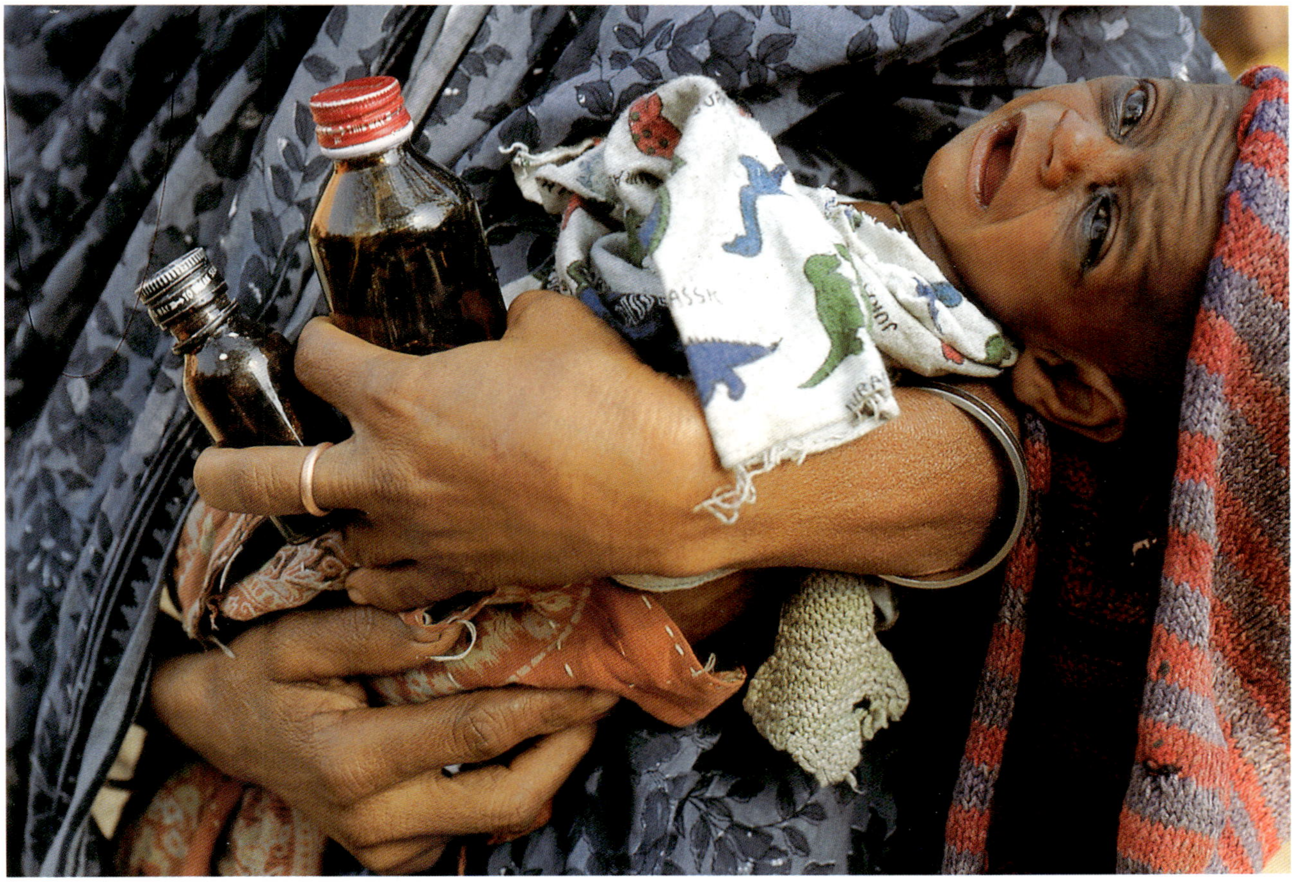

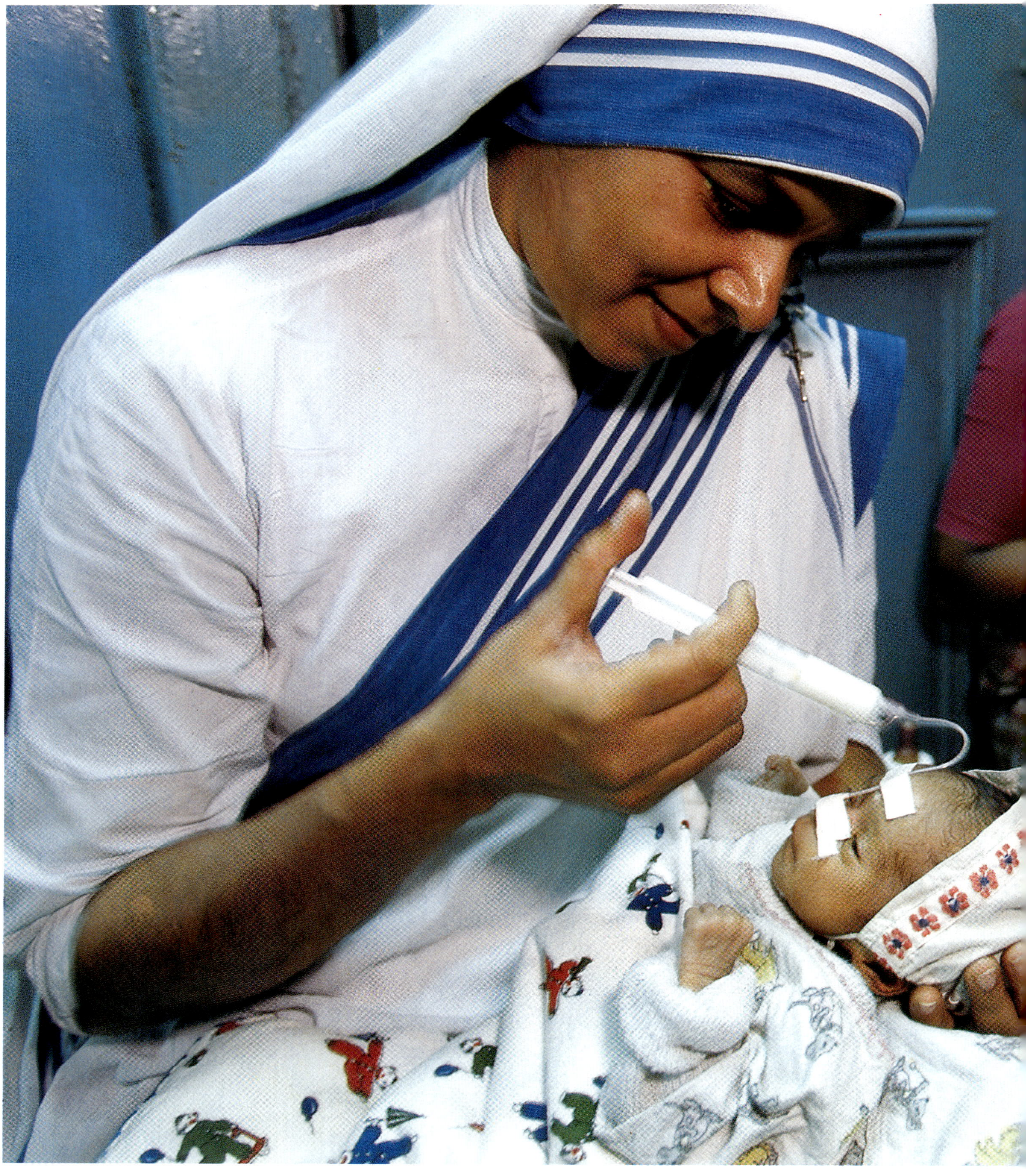

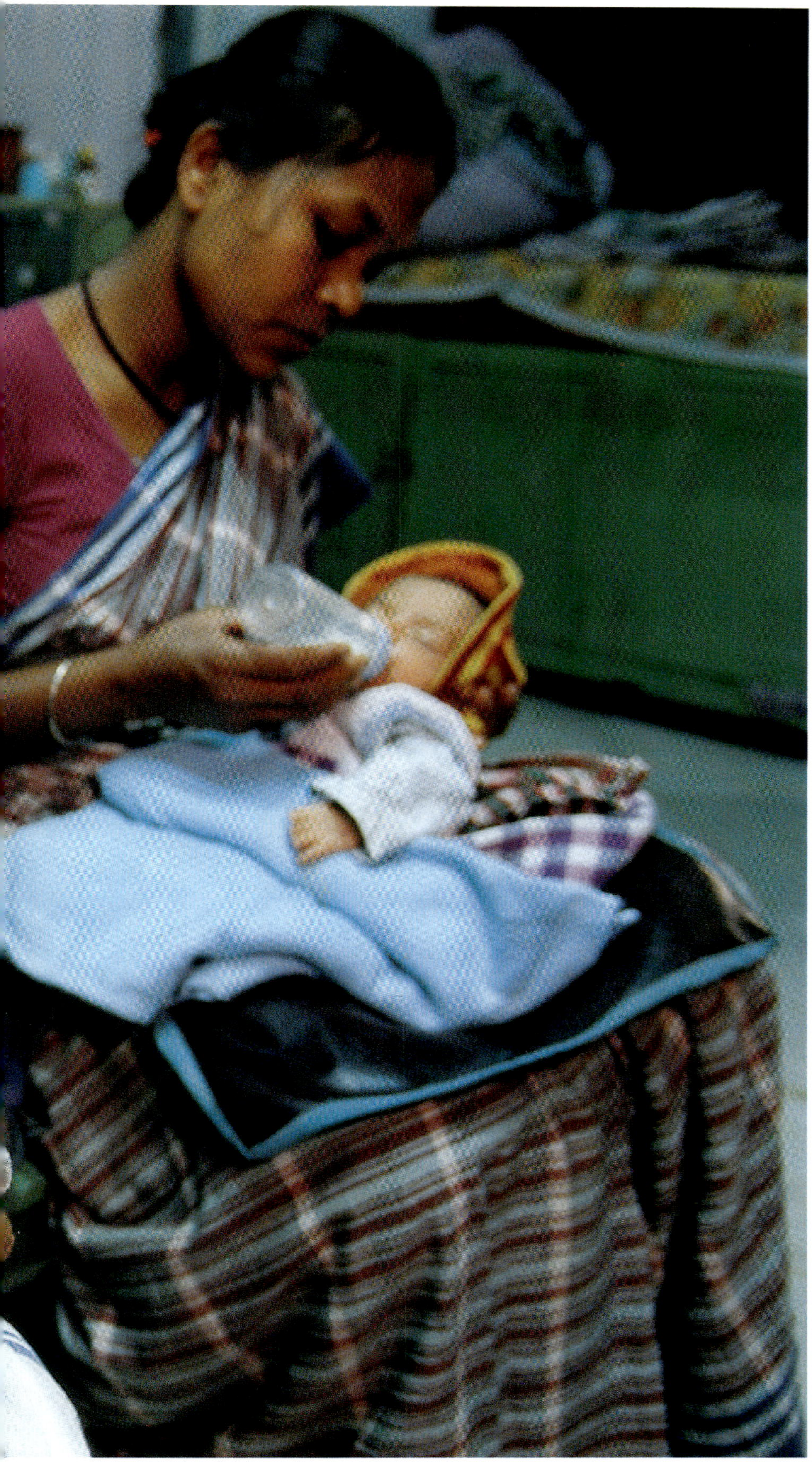

*Schwester Germaine versorgt ein Frühchen im Waisenheim Shishu Bhawan. Aus Not werden Kinder in Kalkutta bisweilen noch im 7. Monat abgetrieben. Helfer bringen die noch lebenden Körper heimlich zu den Schwestern. Fast alle können gerettet werden.*

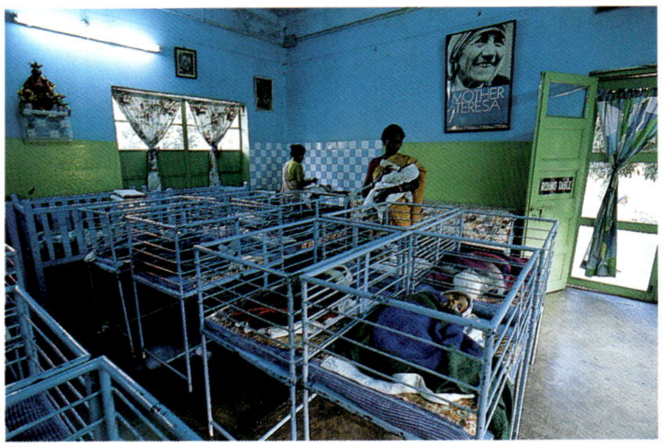

*Das Waisenhaus Shishu Bhawan ist eines der Heiligtümer des Teresa-Ordens. Hier leben Kinder, die keiner wollte; Mädchen, die einer armen Familie zu teuer kommen; winzige Frühchen, für die kein Platz sein sollte – sie alle werden von den Schwestern aufgenommen, aufgepäppelt, gepflegt und später zur Adoption freigegeben.*

*In der allgemeinen Armut Kalkuttas müssen selbst die Heime eines Bettelordens noch als Wohlstandsinseln wirken. Ein Blick nach Prem Dan, wo es täglich Brot, Obdach, Raum gibt, ist manchem ein Blick aufs Paradies.*

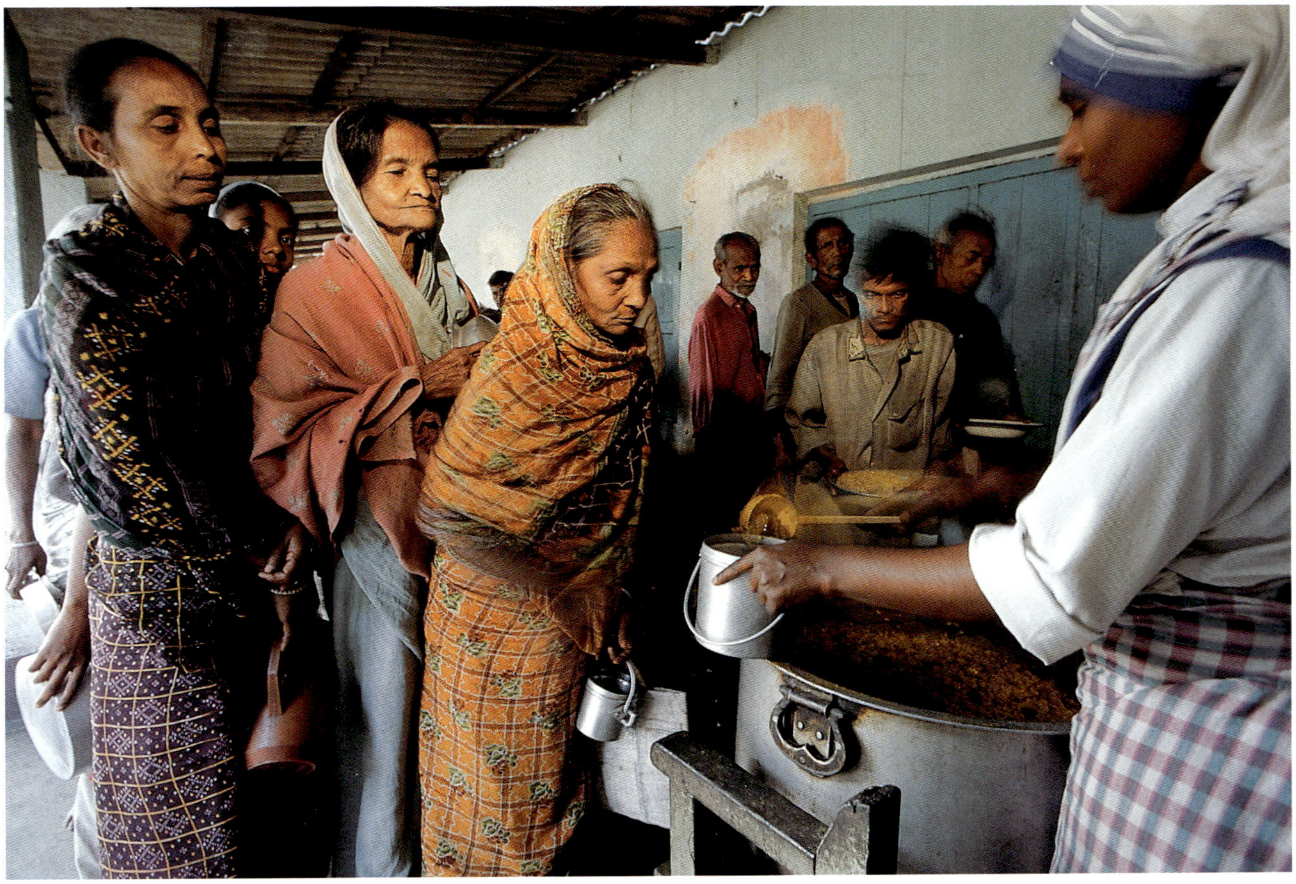

*Die Suppenküche in Prem Dan.
Der Mißbrauch ist hoch. Um zu kontrollieren, ob eine Person auch
wirklich Anspruch auf eine warme Mahlzeit hat,
müssen die Schwestern den Armen von Zeit zu Zeit Besuch
abstatten. Nur wer sein Kärtchen erhalten hat,
darf sich um eine Mahlzeit anstellen.*

ICI PREM DAN ICI

*Zum indischen Nationalfeiertag
üben die Kinder der Slum-Schule in Prem Dan einen Tanz ein.
Die Missionarinnen genießen die Unterstützung
der Landesregierung, obwohl Westbengalen eines der letzten
kommunistisch geführten Länder ist. Doch es ist genug zu tun für jeden,
der helfen will. An Mühseligen und Beladenen wird in Kalkutta
nie Mangel sein.*

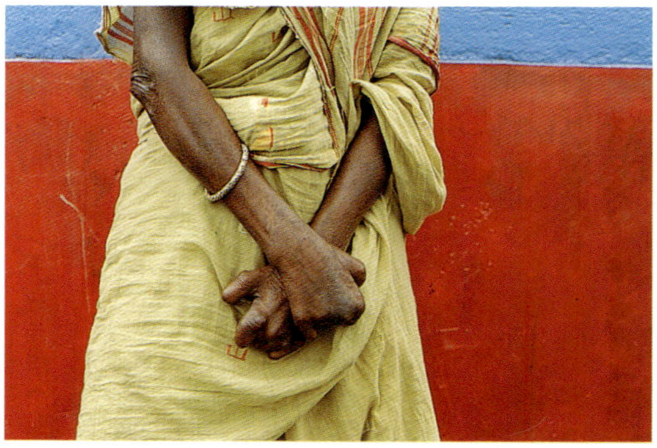

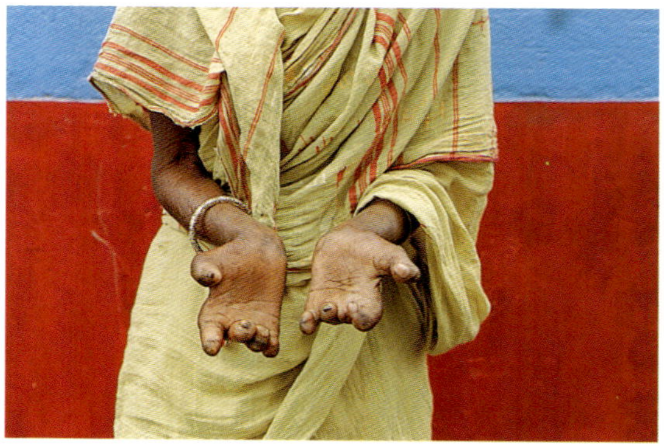

*Lasset sie zu mir kommen: Leprakranke sind die Parias der Parias in Indien. Selbst von ihren Familien werden sie verstoßen. Im Heim von Titagarh wird ihnen Obdach und Arbeit gegeben. Das Gelände ist ein stillgelegter Bahndamm, sieben Kilometer lang und 50 Meter breit – ein Geschenk der indischen Eisenbahngesellschaft.*

*Im Leprazentrum Titagarh*
*leben infizierte Mütter mit ihren gesunden*
*Kindern. Allen Gerüchten zum Trotz*
*ist Lepra nicht erblich, die Krankheit ist*
*kein Schicksal.*
*Mit Spendengeldern können*
*Prothesen beschafft werden – und schon ist der*
*Mensch wieder komplett*
*und läßt sich gerne fotografieren.*

TITAGARH

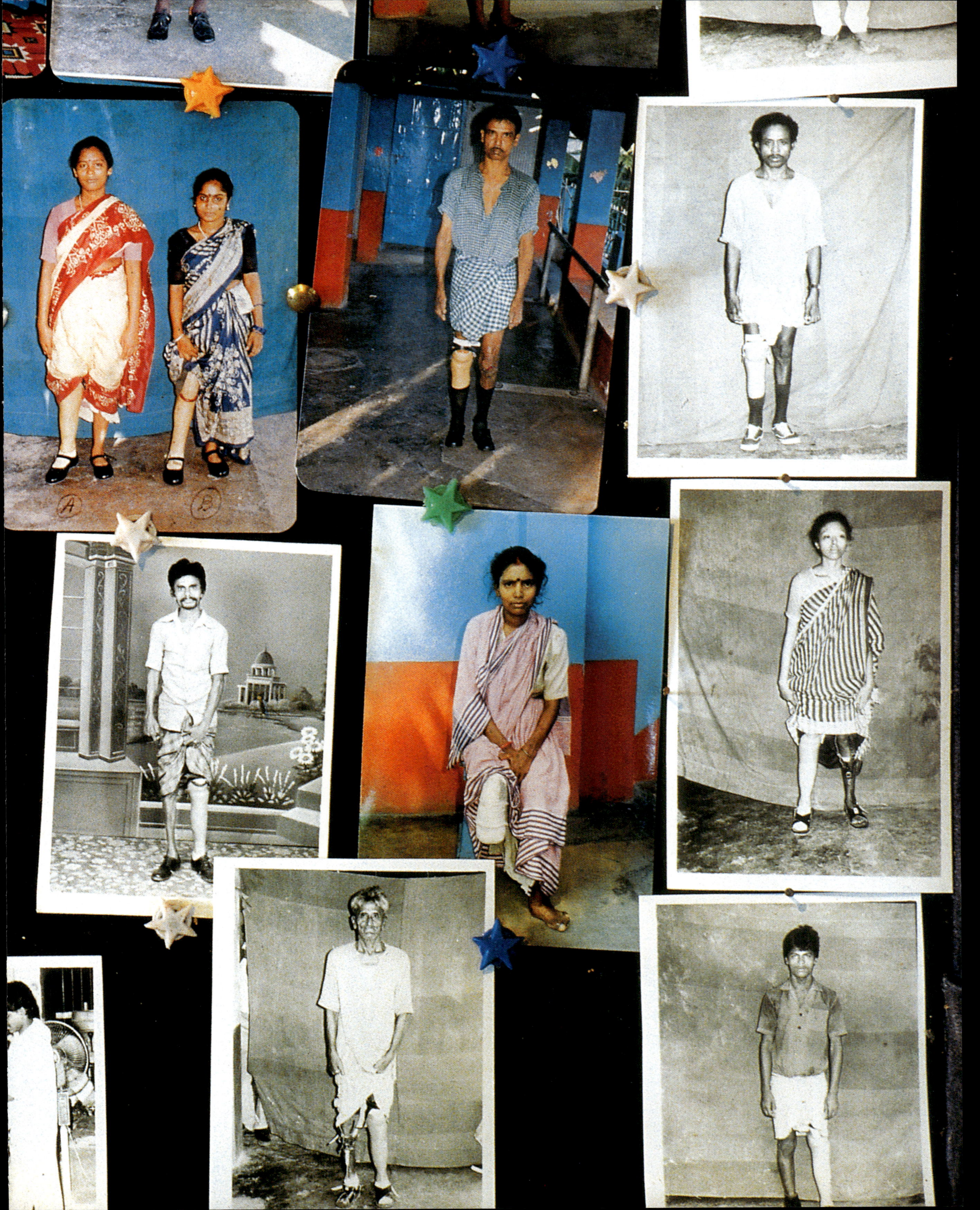
A
B

*Eine leprakranke, unterschenkelamputierte Frau beim Getreidesieben in Titagarh. Die Kranken sollen in Eigenverantwortung leben. Nicht als Almosenempfänger, sondern als Menschen, die in Würde leben und arbeiten können.*

*Die Leprösen verdienen sich ihren Lebensunterhalt durch Weben. Doch die Händler weigern sich, Arbeiten der Aussätzigen in ihren Läden anzubieten: Niemand würde sie kaufen – aus Angst vor Infektion. Was keiner weiß: Auch die berühmten Saris der Nonnen werden auf den Webstühlen von Titagarh gefertigt.*

*Nirmal Hriday,
das legendäre Sterbehaus
von Mutter Teresa.
„Meine erste Liebe",
nennt die Ordensstifterin
das ehemalige Pilgerhospiz.
105 Pritschen stehen
für die Todkranken bereit.
Auf der oberen Ebene
liegen Frauen,
die noch auf Genesung hoffen.
Ganz unten,
dort wo morgens
die ersten Sonnenstrahlen spielen,
hofft niemand mehr.
Oder doch?*

43
44
45

16

KEEP THE JOY OF LOVING
GOD IN YOUR HEART
AND SHARE THIS JOY
WITH ALL YOU MEET
AND SO BECOME AN
INSTRUMENT OF PEACE
MOTHER

*Im Sterbehaus.*
*Kritiker werfen Mutter Teresas Missionarinnen vor,*
*sich nicht genügend um das Überleben*
*der Todkranken zu kümmern. Die Oberin Schwester Dolores sagt:*
*„Wir sind kein Krankenhaus. Wir sind ein spiritueller Orden.*
*Der Dienst an den Siechen ist vor allem*
*Dienst für Gott.“*

MALE

*Etwas Schönes tun für Gott – die Losung mag im Männersaal eines Sterbehauses befremdlich wirken. Etwas Schönes tun, das heißt auch, den Elenden in Frieden sein Leben beenden zu lassen.*

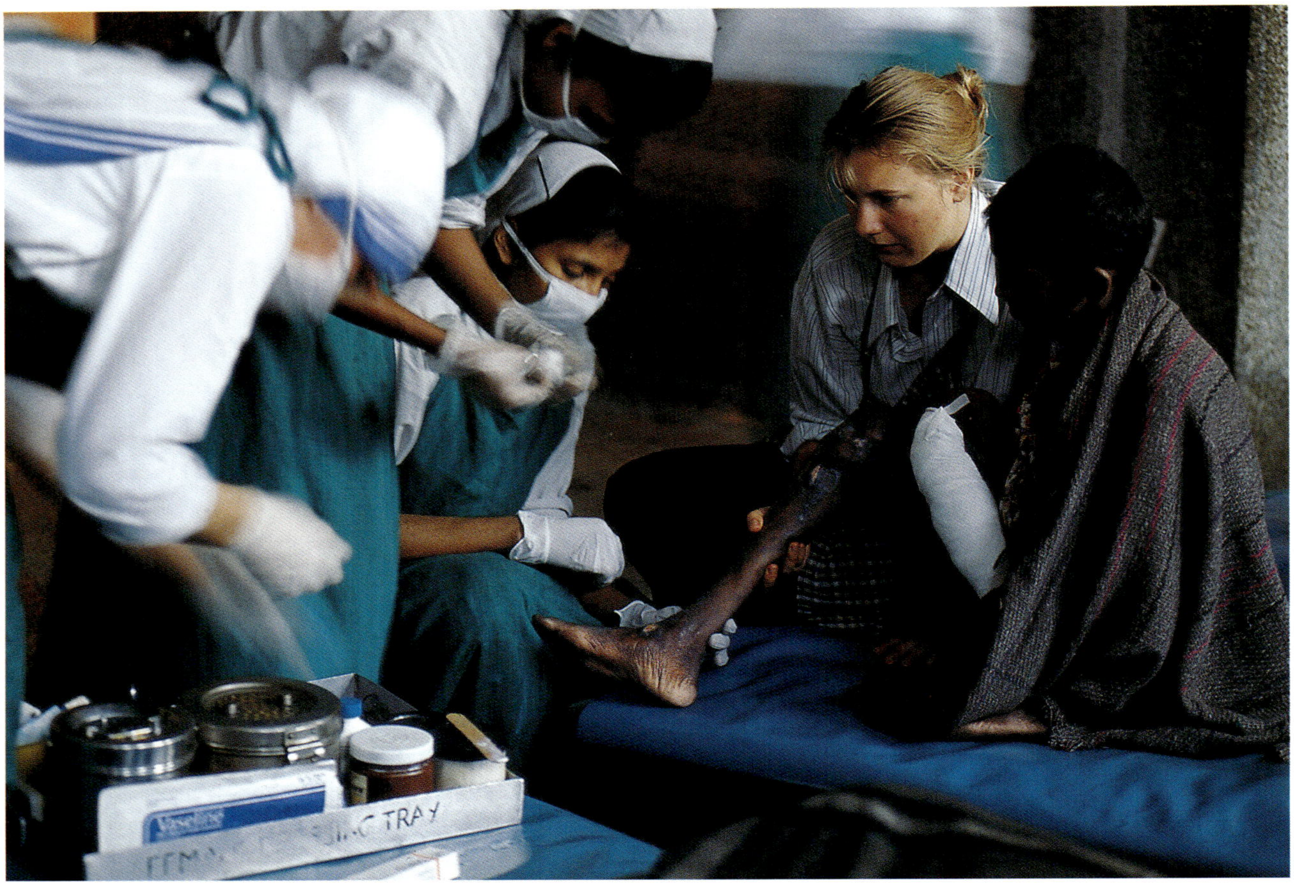
Vaseline
TRAY

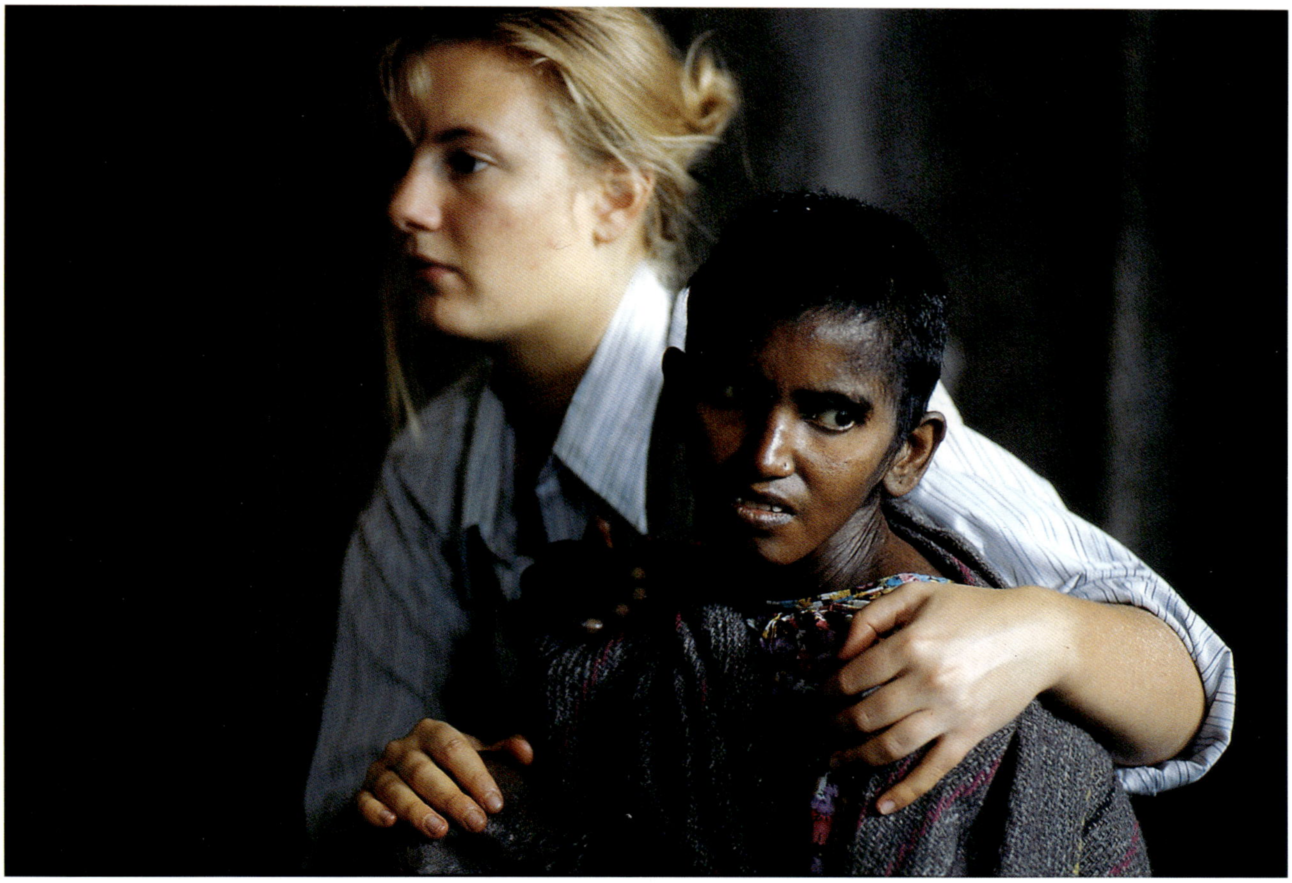

*Aus vielen Ländern kommen Freiwillige nach Nirmal Hriday, um den Schwestern für ein paar Tage oder auch einige Monate zu helfen. Sie waschen, kämmen, füttern die Siechen oder verarzten deren Wunden. Für viele ist es ein Dienst an Gott, für manche ein sinnvoller Urlaub. Für alle ist es eine einschneidende Erfahrung.*

ONLY
ALL
FOR
JESUS

Morgenlicht
im Frauensaal des Sterbehauses.
Wieder ist eine Nacht
überstanden – für die meisten
jedenfalls. Täglich
müssen ein bis zwei Menschen
in ihre Tücher gerollt und in
die Nische für die Toten
getragen werden.
Die Pritschennachbarn schauen
meist ohne sichtbare Regung zu.
Sie warten aufs Frühstück.
Sie müssen ans Leben denken.
Inmitten der Krankenbetten,
der Siechen, Hoffenden, Sterbenden
hängt der Körper eines
Gemarterten. Es ist nicht nötig,
Christ zu sein, um die Botschaft
zu verstehen.

45

*Kalighat ist
der Tempelbezirk von Kalkutta.
Hierher tragen die Inder
ihre Toten, um sie zu verbrennen.
Das Sterbehaus liegt
unmittelbar neben dem Tempel
der Göttin Kali.
Auch Mutter Teresa läßt ihre
Verstorbenen in ein Laken hüllen und
zum Verbrennungsort tragen.
Christen werden in Särgen bestattet;
in einer Nische
des Sterbehauses stehen sie bereit,
in jeder Größe.*

*Ein Wandermönch beklagt drei Hindu-Tote aus dem Sterbehaus Nirmal Hriday. Niemand vermißt die Verstorbenen, keiner trauert um sie. Und auch der Mönch hofft nur auf ein Almosen.*

*Der Körper*
*ist nur die Hülle des Menschen.*
*Ohne großes Aufheben*
*werden die Toten auf einem Ghat,*
*einem der städtischen*
*Feuerplätze am Hooghly-Fluß,*
*verbrannt.*
*Die Seele steigt mit dem Rauch auf,*
*bereit, sich in einem*
*anderen, besseren Leben zu*
*reinkarnieren.*

*„Ja, wir sind eine Familie, und eine Familie kann nicht ohne Mutter sein."*

**MOTHER**

Aus den zwölf Missionarinnen, die Mutter Teresa 1948 um sich gesammelt hatte, sind seither mehr als dreieinhalbtausend geworden. Man begegnet den blau-weißen Saris in den abgelegensten Teilen Albaniens, man sieht sie im Irak oder auf Kuba. Die bengalischen Schwestern kümmern sich mit der gleichen *loving care* um Kinder in Beirut wie um die *Down-and-outs* in Londons Eastside. Sie mögen keine Zahlen, weil es auf die einzelne Geste ankommt, aber: Pro Jahr wird eine halbe Million Familien von den Schwestern mit Nahrung versorgt, werden zwanzigtausend Slumkinder unterrichtet und neunzigtausend Leprakranke behandelt. Es gibt kaum einen Bereich der Wohlfahrtspflege, in dem Teresas Nachfolgerinnen nicht tätig sind: Kinderfürsorge, Familienbesuche, Tageskrippen und Ernährungsprogramme. Sie führen Sleep-Ins, Heime für Alkoholiker, Aids-Zentren, Rotkreuzstationen, Rehabilitationseinrichtungen, Mütterhäuser und betreuen Gefangene. Fünf Millionen Menschen bekommen auf der Welt jährlich Besuch von zweien der bengalischen Schwestern.

Aus dem Häuflein Barmherziger in Motijhil ist binnen fünfzig Jahren eine weltweit tätige Kongregation geworden. Die „Missionaries of Charity" sind heute vielleicht der anerkannteste Schwesternorden der katholischen Kirche; ganz gewiß sind sie die einzige, die sich nicht um Nachwuchs zu sorgen hat: Die Zahl der jungen Frauen, die bereit sind, Mutter Teresa nachzufolgen, ist größer als die vorhandenen Plätze in den Noviziaten. Die Missionarinnen sind der einzige Nonnenorden mit Warteliste. Das Durchschnittsalter im Orden liegt unter 35 Jahren.

Immer wieder kommt es vor, daß die Eltern europäischer Novizinnen nach Kalkutta reisen und die Missionarinnen anklagen: „Sie haben uns unsere Tochter weggenommen!" Und sie haben recht. Der Orden verlangt alles, er fordert von seinen Schwestern rückhaltlose Aufgabe des weltlichen Lebens. Mutter Teresa hat sich niemals geschont, sie verlangt gleiches von ihren Jüngerinnen: „Sie wollen Gott alles geben", sagte sie in einem Interview. „Sie wissen sehr wohl, daß sie es für Christus den Hungrigen und Christus den Nackten und Christus den Obdachlosen tun. Und diese Überzeugung und diese Liebe machen das Gebet zur Freude. Darum sehen sie die Schwestern so sehr glücklich." Dem Außenstehenden müssen solche Worte fremd bleiben. Es ist ihm nicht vorstellbar, daß junge Mädchenblüte sich freiwillig und ohne sichtbare Gegenleistung zu einem Leben in Armut, Pein und völligem Gehorsam entscheidet. So bleibt ihm nur, zur Kenntnis nehmen, daß diese Mädchen ihre Entscheidung getroffen haben und offenbar einen Seelenfrieden, eine Freude am Geben finden, die der Fremde nur stumm bestaunen kann.

Die allermeisten Novizinnen bleiben bei ihrem Entschluß. Kaum eine, die nach den vorgesehenen zehn Lehrjahren *nicht* das endgültige Gelübde ablegt. Ihre Bewunderung für die Ordensgründerin ist ohne Einschränkung: „Mutter Teresa ist unsere Lehrerin, unser Prinzipal. Vor allem ist sie eine wirkliche Mutter für uns", sagt Schwester Claire, eine der zwölf ersten Schwestern. „Wir können immer zu ihr kommen, mit jeder Frage. Sie ist für alle Probleme da. Wenn wir uns vor allem anderen fürchten müßten, so niemals vor ihr."

Die Novizinnen brechen die Verbindung zu ihrer Familie, ihren Freunden, ihrer Heimat völlig ab. Nur zu sehr seltenen Gelegenheiten, beim Tod der Eltern oder vor der Versetzung in ein sehr weit entferntes Land, darf eine Schwester zu einem Besuch nach Hause reisen. Sie haben Armut gelobt, um den Armen auf gleicher Stufe begegnen zu können (auch wenn dies den Armen höchst sonderbar erscheinen mag). Sie geben sich auf und alles, was sie mit sich schleppten. Kennern der indischen Gesellschaft erscheint es unvorstellbar, aber Mutter Teresa hat es geschafft, Inderinnen aus höheren Kasten dazu zu bringen, Aussätzige und Unberührbare – nicht allein zu berühren, sondern *zu lieben.* Das ist die erste Aufgabe, die Teresa von den Postulantinnen verlangt.

In den fünf Jahrzehnten, die der Orden besteht, haben sich die Vorschriften nicht gelokkert. „Die kleinste Regel enthält den Willen Gottes ebenso wie die großen Dinge des Lebens", sagt Teresa. „Um diese Erkenntnis zu gewinnen, muß ich darauf vertrauen, daß die Ordensregeln göttlichen Ursprungs sind. Ich muß mich an die Ordensregeln klammern, wie ein Kind sich an die Mutter klammert." Eine Missionarin der Nächstenliebe, ganz gleich ob Oberin, Ordensstifterin oder Postulantin, besitzt drei Baumwoll-Saris und einen Rosenkranz, ein Kruzifix, das den Sari zusammenhält, einen Blecheimer, um die Kleidung zu waschen, eine Strohmatte zum Schlafen und eine Bibel, ein Eßbesteck und die Kopie der Ordenssatzung. Darin steht, daß eine Sister außerdem Anrecht hat auf „einen Bleistift, einen Füller, ein Radiergummi und ein Lineal." Keine Spiele, keine Romane, keine Armbanduhren. Kein Radio, kein Fotoalbum, keine Besuche, und Briefpapier nur alle vier Wochen. Lektüre eines Buches nur unter Erlaubnis. Und nach zehn langen Jahren der erste Heimaturlaub. Radikale Selbstentäußerung und Askese sind im Ordensverständnis Teresas die Bedingung des Heiligseins: „Wenn ihr in einem ungelüfteten Raum schlafen müßt, ringt nicht nach Atem und seufzt nicht, damit ihr nicht zeigt, daß ihr euch nicht wohlfühlt. Das ist Armut. Die Armut befreit uns." Eine Schwester erzählt, die einzig weltliche Unterhaltung im Mutterhaus Kalkuttas sei der Blick vom Dormitorium aufs Nachbarhaus. Dort residiert das Zentralkomitee der Kommunistischen Partei Westbengalens, und von einigen Betten des Dormitoriums aus kann man die Propagandafilme sehen: rote Fahnen und geballte Fäuste. „Mother lehnt es ab, Vorhänge zu kaufen", sagt sie.

Außer in Kalkutta unterhalten die Schwestern Noviziate in Rom, Manila auf den Philippinen und in Abidjian, der Hauptstadt der Elfenbeinküste. 1995 sind es 26 Postulantinnen allein in

Kalkutta, sie sprechen elf verschiedene Sprachen: „Im ersten Jahr", sagt Sr. Fabienne, die für das Noviziat in Kalkutta zuständig ist, „gibt es wegen dem Klima immer Kranke unter ihnen. "

Die Mädchen können ein halbes Jahr probeweise im Orden verbringen, um die Arbeit kennenzulernen. Gleichzeitig müssen sie Englisch lernen, das Esperanto der polyglotten Gemeinschaft. Meist werden die Anwärterinnen dann wieder für ein oder zwei Wochen nach Hause geschickt, um dort für sich selbst zu prüfen, ob sie die Berufung weiterhin in sich spüren. Von Seiten der Missionarinnen gelten körperliche und seelische Gesundheit, Lernfähigkeit und ein fröhliches Wesen als Aufnahmekriterien.
Anschließend folgen zwölf Monate Postulat, während dessen die jungen Frauen das Alphabet des geistlichen Lebens lernen. Erst dann treten sie für zwei Jahre ins Noviziat ein und bekommen eine rudimentäre Ausbildung in Theologie, Kirchengeschichte, Bibelkunde und dem Regelwerk des Ordens. Bevor sie die endgültigen Gelübde ablegen, werden die Schwestern noch einmal für einige Wochen nach Hause geschickt, um ihre Entscheidung gründlich zu überdenken.

Ein Tag im Leben einer Missionarin der Nächstenliebe beginnt in allen 115 Ländern, in denen sie tätig sind, auf die gleiche Weise: Früh um 4.40 Uhr weckt eine Glocke zum Stundengebet, viertel vor sechs kommt ein Priester und hält die Messe. Dann wird gewaschen, gekocht und das Frühstück (Tee und Chapattis) eingenommen. Von acht Uhr bis mittags wird den Armen gedient. Gegen zwölf Uhr kehren die Schwestern zum Mittagessen zurück. Es gibt im Mutterhaus weder Backofen noch Toaster. Die Mahlzeit wird auf einem Holzkohlefeuer zubereitet, wie es bei den Armen Kalkuttas üblich ist. Um dreizehn Uhr ruhen sie sich eine halbe Stunde lang aus. Ab vierzehn Uhr nehmen sie ihre Arbeit wieder auf. Es wird dabei darauf geachtet, daß die Schwestern möglichst jedes Jahr den Arbeitsplatz wechseln. Um achtzehn Uhr folgt eine Stunde Marienanbetung, sie wird von den meisten kniend oder im Stehen verbracht, dann eine kleine Pause und das Abendbrot. Um einundzwanzig Uhr die halbstündige Komplet und ab 21.45 Uhr Nachtruhe, bzw. – im Fall der Generaloberin – die Erledigung von Korrespondenz bis in die frühen Morgenstunden.

Donnerstags ist der Tag der Haushaltspflichten, es wird gestopft, geputzt und studiert. Am Tag des Herrn halten die Nonnen in den Gemeinden Kalkuttas noch zusätzlich Sonntagsschule ab. Nur einmal im Jahr dürfen sie sich zur Klausur in das schön gelegene „Kennedy-Behindertenzentrum" im Stadtteil Dumdum zurückziehen.
Ein hartes Leben. In den ersten Monaten ihrer Berufung erklärte Mutter Teresa: „Meine Schwestern und ich werden nur Salz und Reis essen." Daraufhin erwiderte ihre damalige Gastgeberin, eine pragmatische, tropenerfahrene Oberin: „Wollen Sie den Armen und Kranken helfen, oder wollen Sie mit ihnen sterben?" Diesen Hinweis nahm sich die Nonne zu Her-

zen. Die Schwestern nehmen seither eine einfache, aber ausgeglichene Kost zu sich.
Die Nonnen dürfen sich auch bei größter Hitze außerhalb des Ordens weder zum Essen noch zu einem Getränk einladen lassen; es ist ihnen sogar untersagt, von den Armen Tee anzunehmen. Denn: „Oft sind es Dinge, die sie sich selbst kaum leisten können. Ich kann das nicht bei ihnen ausschlagen und von den Reichen annehmen. Es ist einfacher, von niemandem etwas anzunehmen. Auf diese Weise wird keiner verletzt.“ Deswegen sieht man die Schwestern des Sommers mit Plastikflaschen durch die Gassen laufen.

Was es für eine Europäerin bedeutet, in Kalkutta zu leben, welche Umstellung das Leben in den Tropen darstellt, schildert – auf ebenso eindringliche wie humorvolle Weise – der Brief einer Schwester an die Freunde zu Hause in Frankreich: „1994 sind vier Schwestern verstorben, die jüngste in Ruanda an Malaria, die anderen in Kalkutta. In der Regenzeit übersteigt eine Bestattung in Kalkutta jede Vorstellungskraft. Wir verfügen nur über vier Grabstätten, die der Reihe nach geöffnet werden. Wenn der Monsun kommt, sprudelt unter ihnen eine Quelle.
Bis zum Begräbnis bleiben uns nicht einmal 24 Stunden Wartezeit. Wir müssen uns beeilen, einen Sarg zu bestellen, die Kirche benachrichtigen, zu der unser Friedhof gehört. Sobald die Sterbebescheinigung ausgestellt ist, kommt der Priester, um eine Messe zu lesen, dann müssen wir zum Friedhof gehen und die dortigen Malis bitten, das Grab auszuheben.
Wenn man sich beeilt, kann einer Schwester, die um 23 Uhr gestorben ist, um 14 Uhr am nächsten Tag die Totenmesse gelesen werden. Mutter hätte es gerne, wenn alles schon um 11 Uhr fertig wäre, aber das ist absolut unmöglich, zumal in der Hitze.
Gewöhnlich tragen die Brüder den Sarg bis zum Krankenwagen. Sie werden völlig durchnäßt, weil wir neben die Schwester Eisblöcke legen, gegen die Hitze. Auf dem Friedhof sind die Malis beschäftigt, das Wasser aus dem Grabloch zu schöpfen. Die Brüder krempeln sich die Hosen hoch und steigen ihrerseits in das Loch hinab. Das Wasser steigt umso schneller, je rascher geschöpft wird. Also müssen Ziegelsteine in das Wasser gelegt werden, der Sarg daraufgestellt und wiederum mit Steinen beschwert – was ihn nicht daran hindert, zu schwimmen und bisweilen umzukippen. Was tun? Wir lesen aus dem Gebetsbuch, schauen auf das Grab, das immer mehr einem Swimming Pool ähnelt und versuchen, Zuversicht zu bewahren. Letzten Endes wird alles gut werden. Ein spanischer Priester auf der Durchreise mußte weinen, er hatte so etwas noch nie gesehen. Unser Friedhof liegt in einem Armenviertel, und wie die Armen muß man sich mit den Elementen der Natur arrangieren.“

Für die Missionarinnen der Nächstenliebe ist es selbstverständlich, an jedem Ort der Welt getreu ihren Pinzipien zu leben. Auch wenn das belächelt werden mag. In New York mußte der Orden 1990 ein geplantes Obdachlosenheim wieder aufgeben, weil Mutter Teresa keine

50.000 Dollar für den baupolizeilich vorgeschriebenen Fahrstuhl ausgeben wollte. Das Geld sei für die Armen besser verwendet, und Schwestern gingen die Treppen lieber zu Fuß. „Und wenn", sagte die Oberin, „ein Armer die Stufen nicht emporkommt, dann tragen wir ihn eben hoch, wie in Kalkutta auch."

Das Ansehen, das Mutter Teresa ihre Glaubensstärke eingebracht hat, wirkt inzwischen selbst wie ein Gebet: Als es im Sommer 1993 in einem der Projekte Kalkuttas an Reis mangelte, appellierte sie an die Armen der Stadt, eine Handvoll Reis für die noch Ärmeren zu spenden: 2000 Menschen konnten so gesättigt werden. *„God did provide."*

Gemäß dem Geist des Heiligen Franz von Assisi lehnt Mutter Teresa die Unterstützung irgendeiner Regierung ab. Im Zweifelsfall zieht sie es vor, ins nächste Flugzeug zu steigen – sie hat Freiflüge bei allen Airlines –, um direkt bei den Mächtigen anzuklopfen. Bisher blieb ihr nur einmal, im Oktober 1993, eine Tür verschlossen. Schon auf dem Flugplatz, bereit zur Abreise nach Shanghai, erreichte sie die Nachricht, sie sei in China zur Zeit nicht erwünscht.

Ein Telefongespräch mit Präsident Ronald Reagan reichte 1981 aus, daß die USA sich verpflichteten, Lebensmittel nach Äthiopien zu fliegen. Vom Papst erreichte sie, daß auch im Vatikan, inmitten der Reichtümer des Kirchenstaates, eine Suppenküche für die Bedürftigen eingerichtet wurde.

Scheinbar unermüdlich reist die Greisin von Land zu Land, von Slum zu Slum. Niemand weiß vorherzusagen, wo Mother in der nächsten Woche sein wird. Terminkalender lehnt sie als Zeitverschwendung ab. Die Schwester *Assistantsecretary* muß sehen, wie sie damit zurechtkommt. Die innere Struktur des Ordens scheint mit dem rasanten Anwachsen nicht Schritt gehalten zu haben. Die 3300 Schwestern werden immer noch weitgehend durch Charisma und Intuition „verwaltet", als seien sie eine große Familie – „Wir *sind* eine Familie", sagt Mother. Jede Einrichtung des Ordens wird von einer Oberin geleitet. Die Oberinnen einer Weltregion unterstehen wiederum einer Regionaloberin. Alle wichtigen Entscheidungen aber werden im Mutterhaus von Kalkutta getroffen. Also von Mother, unterstützt von einem Generalrat. Er besteht aus fünf gewählten Schwestern und Mutter Teresas persönlicher Sekretärin. Bislang haben die unangefochtene Autorität und die Omnipräsenz der Generaloberin verhindert, daß die Generalrats-Schwestern gelernt hätten, wegweisende Entscheidungen selbst zu treffen. Mutters Wort ist Gottes Wort.

Alle sechs Jahre trifft sich das Generalkapitel der Missionaries im Kennedy-Behindertenzentrum in Dumdum. Das formal höchste Gremium setzt sich aus etwas mehr als 100 Schwestern zusammen, den Delegierten aller Missionarinnen, die dem Orden länger als 15 Jahre angehören, sowie den Regionaloberinnen. Das Kapitel tagt in völligem Schweigen. Acht Tage lang beten die Delegierten, jede für sich, um dann in geheimer Abstimmung die Generaloberin zu wählen. Obwohl die Ordenssatzung ei-

nen Wechsel nach zwei Amtszeiten vorschreibt, war das bislang stets Mutter Teresa.
Einmal sollte es anders sein. Mitte der achtziger Jahre fühlte Mutter Teresa sich nicht mehr in der Lage, weiterzuarbeiten wie bisher. Sie hatte zu diesem Zeitpunkt einen Herzanfall erlitten, eine Lungenentzündung überlebt, verschiedene Operationen und den Biß eines tollwütigen Hundes. So bat sie ihren Vertrauten Papst Johannes Paul II, nun eine jüngere Nachfolgerin zuzulassen: Schwester Agnes, die erste Gefolgsfrau aus den Tagen von Motijhil. Mother war die endlosen Audienzen mit Kardinälen und Bischöfen leid und wollte ihre letzten Jahre im Sterbehaus verbringen – auf der helfenden Seite. Der Heilige Vater lehnte ihr Ansinnen ab. Und das Generalkapitel wählte ihre Mother gegen ihren Willen wieder zur Generaloberin. Sie durfte nicht gehen. Denn was ist eine Familie ohne Mutter?

Das nächste Konzil steht für 1996 an. Nun ist es nicht so, daß es keine Aspirantinnen auf den höchsten Stuhl der Armenschwestern gibt. In den indischen Zeitungen wurde bereits abgewogen, wurden Pro und Contra disputiert, als stünde ein Konklave zur Papstwahl an: Da ist Schwester Agnes, die sehr beliebte *Number Two.* Aber sie gelte als zu weich, zu unprofessionell und sei im übrigen nicht ganz gesund; da ist die Angloinderin Priscilla, eine ehemalige Lehrerin, hochintelligent und gewandt im Spiel mit der Macht. Als einzige wurde Priscilla zwei Mal in den Generalrat gewählt. Dann sei da noch Schwester Monica, die Ärztin aus Deutschland; sie würde das Renommee des Ordens in Europa und den USA wahren. Oder aber Schwester Frederic ...?
Aber all dies ist Spekulation und wird von den Schwestern gemieden wie ein unzüchtiger Gedanke, als sei schon diese Art des Räsonnierens ein Verrat an Mother, ein Abschied von den Ursprüngen.

So befindet sich der Orden in einem Zwischenstadium. Er wird noch im apostolischen Geist geführt, in völliger Fixierung auf eine 85jährige Gründerin, die sich längst gern von der Welt verabschiedet hätte, aber doch alles tut, um eine Modernisierung zu vermeiden. Nein, es darf keine Delegation geben, keine Strukturen und Büros. Die so schnell gewachsene Kongregation der Barmherzigkeit wird bis zum Tod der Mutter geführt, als hätte ER selbst das Kommando. Als säße der Allwissende, Allmächtige im Dunkeln hinter den Gitterstäben der Bürostube.
Vielleicht ist es ja auch so.

*Das Mutterhaus – Noviziat,
Kloster und Verwaltungsgebäude eines Ordens,
der längst multinational organisiert ist.
Von hier aus werden die 3500 Schwestern und 543 Häuser
in 115 Ländern der Erde geleitet.*

*Nach der Morgenmesse, früh um sechs. Es ist der Moment, Mutter Teresa zu sprechen. Sofern sie nicht schwer erkrankt ist oder auf Reisen, versäumt die 85jährige keine Andacht. Und zum Leidwesen ihrer engsten Mitarbeiterinnen hört sich die Ordensfrau anschließend jede Bitte, jede Frage, jeden Gruß eines Gastes an. Als hätte sie alle Zeit dieser Welt.*

PRIVATE

*Jeden Morgen nach der Messe*
*verwandelt sich der Kreuzgang des Mutterhauses*
*in einen Audienzsaal.*
*Mutter Teresa empfängt Besucher, verteilt Medaillons*
*und Autogramme, gibt ihren Segen und nimmt*
*Spenden entgegen. Sie tut es geduldig. Es ist die Last,*
*die eine als heilig Verehrte zu tragen hat*
*in dieser Welt.*

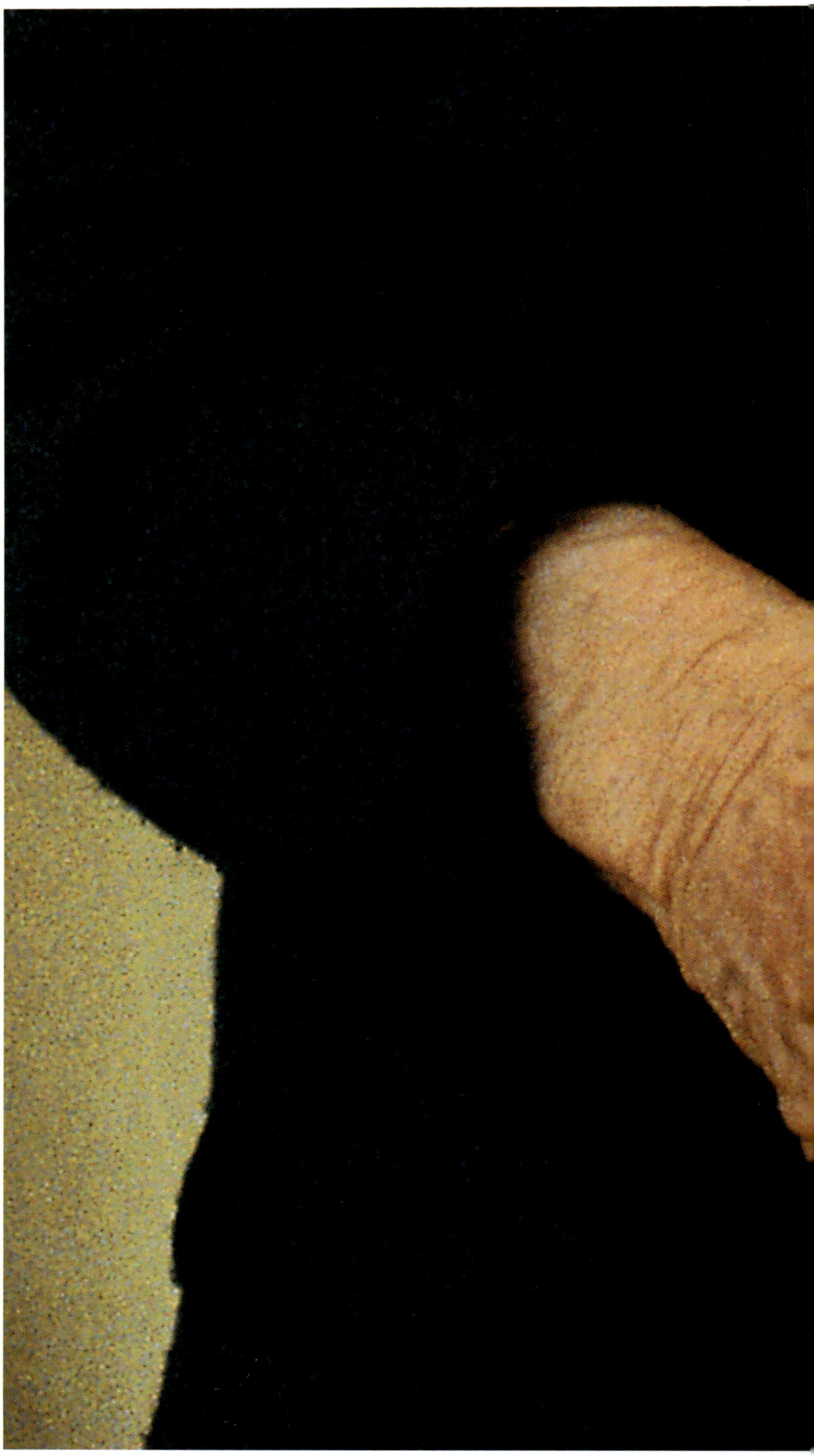

*Mutters Hände. Für viele das Signum ihrer Heiligkeit. Die kleinen Aluminium-Medaillons mit dem Bildnis der Maria verteilt Teresa an ihre Besucher, nachdem sie ihren Segen gegeben hat.*

PRIVATE

*Das Spendenaufkommen des Ordens wird auf 50 Millionen Dollar pro Jahr geschätzt. Alles wird sofort in die 543 Häuser in aller Welt gesteckt. Rücklagen, Sparbücher, Finanzpläne lehnt Mutter Teresa als Zeitverschwendung ab: „Wenn wir Geld brauchen, wird Er Geld schicken", ist ihre Devise.*

Auf dem Flughafen
beim Einchecken und – als Ikone
an der Wand des Waisenhauses
Shishu Bhawan.
„Mutter der Menschheit" – eine
8. Schulklasse hat dieses Bild gemalt.
Um „Mother" ist schon zu Lebzeiten
eine Art Marienkult entstanden.
Die Schwestern akzeptieren ihn. Solange
er sie nicht in ihrer Arbeit stört.

MOTHER OF MANKIND

Frühmorgens versammeln sich die Schwestern zum Gebet. Aber auch während des Tages kehren sie immer wieder in die Nähe der Mutter Gottes zurück, zu einem stillen Gebet, zur meditativen Selbstbefragung oder einfach zur Erholung im Schatten der Palmen.

CHRIST
is the Head
of this family
the silent Listener
of every conversation
the unseen Guest
at every meal
Mary be a Mother to me. Now!

*Ihr Eßgeschirr ist eines der wenigen Besitzstücke einer Schwester. Es gibt keine Bücher, Andenken, Fotos. Persönliches Eigentum gilt dem Orden als Ballast: „Die Armut befreit uns", sagt Mutter Teresa.*

*Sechsmal am Tag,
das erste Mal morgens
um vier, beten
die Novizinnen zu
ihrem Herrgott.
Ohne die Kraft durch
das Gebet, sagt Mother,
ist der harte Dienst
an den Ärmsten der
Armen nicht zu
leisten. Das
Durchschnittsalter
im Orden beträgt
knapp 35 Jahre.*

Die Missionarinnen sind häufig auf Reisen. Im Mutterhaus erinnert eine Schiefertafel die Schwestern daran, das Gelingen einer Mission in ihr Gebet einzuschließen. Normalerweise wechselt eine Schwester ihren Lebensort alle drei Jahre. Keine soll sich an eine Stadt gewöhnen; ihre wahre Heimat sei, sagt Mother, die Liebe zu Ihm.

Our Community in Heaven
L.D.M.
MK. 7,1-13
ST. ROMUALD.
Feast. Srs. Humbeline, Virginia.
Pray for safe flight and for
fruitful missions of-
SR. Nelsia-for Vienna Via Rome.
SR. Gretel-for Venezuela.
SR. Martinette-for Guyana.
SR. Estrella-for Sanfrancisca.
SR. Stanzel-for Romania.
Please pray for our Holy Father
and our Mother's special intentions.

*Das Waschen ihres Saris gehört zum Tag einer Missionarin der Nächstenliebe wie das Gebet. Zumindest darin brauchen sie den Armen Kalkuttas kein Vorbild zu sein: Jeder Hindu beginnt seinen Tag mit intensiver Reinigung von Körper und Tuch. Mutter Teresa hat die Sitte übernommen.*

*Im Garten des Waisenhauses Kennedy-Center. „Ich bin doch nicht wichtig", sagt Mutter Teresa, wenn sie nach einer Nachfolgerin gefragt wird. „Nicht ich lebe. Er lebt in mir. Und Er wird rechtzeitig für jemanden sorgen."*

*„Nicht ich lebe,
Christus lebt in mir. Ich bin nichts.
So wie Gott mich gefunden hat,
wird er jemanden anderen finden.
Das Werk ist Gottes Werk."*

**MOTHER**

Wenn überhaupt jemand, dann sie. Niemand kommt dem kirchlichen Ideal einer Heiligen so nahe wie jene Frau, die einmal als Agnes Bojaxhiu in Skopje geboren wurde. Als hätte sie ihr Leben nur darauf angelegt, es zur *Vita sanctae* zu gestalten, hat sie jeden Tag in Glaube, Liebe, Hoffnung verbracht; und dies in den letzten Jahrzehnten unter ständig mißtrauischer Observanz der Medien. Wenn Mutter Teresa wirklich eine Heilige des ausgehenden 20. Jahrhunderts ist, dann ist sie vermutlich die erste in der Geschichte der *beati*, die sich ihrer zu erwartenden Heiligsprechung bewußt ist.

Sie erfüllt sämtliche Bedingungen. Mutter Teresa ist nicht nur Zierde der katholischen Christenheit und wird (dennoch) vom Volk verehrt, sie hat sich Gott absolut überantwortet, ist zum Opfer bereit und erwartet gleiches von ihren Ordensschwestern: „Die Missionarinnen der Nächstenliebe sind entschlossen, sich ohne Unterlaß völlig auszugeben, an den verkommensten Orten nach den Armen, verwahrlosten, Sterbenden zu suchen. Der Eifer ist der Beweis der echten Liebe zu Gott. Wir können nicht anders, als vor Verlangen brennen, Seelen zu retten. Das Feuer ist der Prüfstein der Liebe, und der Prüfstein des Feuers ist die Bereitschaft, sein Leben für die Arbeit an den Seelen zu geben."

Wenn, nach dem Theologen Karl Rahner, Heiligkeit gerade nicht Entweltlichung meint, sondern heiliges Tun *in* der Welt, dann ist Teresas „caritas effectiva", ihre zur Tat drängende Nächstenliebe, hierfür das beste Exemplum. Daß ihr menschen-unmögliches Unterfangen gelang und Früchte trug, daß sie niemals von ihrem Weg abging, mag dem Gläubigen als Beweis göttlicher Gnade gelten. Gewiß ist angesichts des Wachstums ihres Ordens, daß Mutter Teresa bereits zu Lebzeiten ein – wie es das Konzil von Trient den Heiligen vorgeschrieben hat – „Vorbild und Ansporn zur Nachahmung ihrer Tugenden" ist.

So zweifelt niemand daran, daß an einem zukünftigen Tag der hl. Teresa von Kalkutta gedacht werden wird, als erster katholischen Heiligen mit indischer Staatsbürgerschaft. Allerdings ist es bis dahin noch ein langer Weg. Der „Codex Iuris Canonici" der Katholischen Kirche sieht eine Heiligsprechung noch lebender Personen nicht vor. Auch wenn sich der Ruf der Heiligkeit längst in *orbis et urbis* verbreitet hat, müssen die Zeugnisse des guten Lebens vor der Ritenkongregation von Postulator und Advocatus geprüft werden, muß der Papst den apostolischen Prozeß der Kanonisierung eröffnen, muß schließlich – als Bestätigung göttlicher Gnade – ein Wunder festgestellt werden können. Hat Gott durch die Fürbitte dieser Seligen die Gesetze der Natur außer Kraft gesetzt? All dies ist ein langwieriger, über die Amtszeit eines Papstes hinausgehender Prozeß. Er wird ohne Zweifel vom Erzbischof Kalkuttas betrieben werden, sobald Mutter Teresa auf dem Friedhof der Schwestern beigesetzt sein wird.

Doch auch ohne den Segen des Vatikans wird

Mutter Teresa schon heute als Sankta Teresa verehrt, tagtäglich heiliggesprochen von ihren Anhängern. Auf all den Ölbildchen und Zeichnungen, die in den Waisen- und Siechenheimen Kalkuttas hängen, ist ihr Weg in den Himmel vorgezeichnet und ausgemalt. In rührend naiver Weise nehmen sie die Ikonographie der klassischen Mariendarstellungen wieder auf, von dem Kindchen auf dem Arm bis zum weißen Sari, der in seinem Faltenwurf so sehr an die Jungfrau von Fatima erinnert.

Auch die gängigen Biographien, die über Mutter Teresa erschienen sind, enthalten die wesentlichen Elemente der Heiligenlegenden. Da ist die ärmliche Herkunft, die Berufung durch Gottes Wort, und wenn von den ersten Schwestern die Rede ist, dann müssen es zwölf an der Zahl sein, so wie einst die Apostel Jesu. Die Menschen, die zu den Messen ins Mutterhaus kommen, berühren den Saum des berühmten Saris und legen die gesegneten Amulette den Kranken auf die Wunden. Teresa hat geholfen.

Hat Mutter Teresa diesen Kult nötig?

Malcolm Muggeridge, jener renommierte britische Journalist, der durch einen Besuch in Kalkutta zum Katholizismus bekehrt wurde, bemerkte, daß Heilige „weit eher alltäglichen als berühmten Frauen“ gleichen würden. Für die Ordensfrau aus der J.C.R. Bose-Road trifft dies gewiß zu. Wenn auch viele ihrer Freunde widersprechen mögen: Mutter Teresa ist keine charismatische Persönlichkeit. Es liegt kein Strahlen über ihr, kein Magnetismus, und im Gegensatz zum Dalai Lama fasziniert sie ihre Besucher nicht durch scharfsinnige Aperçus, Analysen oder Witz. (Eher würde sie den Gast auffordern, mit anzupacken und eine Spende Reis ins Sterbehaus zu tragen.) Mutter Teresa ist auch keine Theologin; ihr Glaube ist so einfach wie das Heiligenbild in einer Bauernstube; auf zweifelnde Fragen antwortet sie mit absoluter Gotteszuversicht. Das ist das eigentliche Wunder von Kalkutta: Mutter Teresa ist ein „Wie-Jedermann“ und hat doch so viel erreicht.

Man kann“, schrieb der Wiener Elias Canetti, „in einem einzigen Menschen das Unglück der ganzen Welt anfassen, und solange man ihn nicht aufgibt, ist nichts aufgegeben, und solange er atmet, atmet die Welt.“ Das ist die weltliche Übersetzung der Botschaft von Mutter Teresa. Umgekehrt gilt: Wenn ein einzelner Mensch sich das Unglück der ganzen Welt zu Herzen nimmt, wenn sein Werk vollbracht ist und er von uns geht, dann bleibt den Nachlebenden die Trauer. Aber Trauer nicht um eine Heilige, sondern Trauer um den einzelnen Menschen Agnes aus Skopje, die sich eines Tages aufgemacht hat, das ihrige zu tun.

Die Deutsche Bibliothek – CIP-Einheitsaufnahme
**Mutter Teresa :** ein Leben für die Menschlichkeit / Alexander Smoltczyk.
Mit 86 Farbphotos von Lois Lammerhuber. –
Wien : Brandstätter, 1995
ISBN 3-85447-607-8
NE: Smoltczyk, Alexander; Lammerhuber, Lois

1. Auflage

Photovermerk:
Alle Photos stammen von Lois Lammerhuber, außer jenen auf den Seiten 20–21: Laurent Maous, Gamma/Contrast; S. 22, li.o.: Reuters; S. 22, re.o.: AP; S. 22 li.m.: Reuters; S. 22 re.m.: AFP/APA; S. 22 li.u.: Bettmann Archive; S. 22 re.u.: Reuters; S. 23: Gamma/Contrast; S. 40–41: Silvia Lammerhuber.

Legenden zu den doppelseitig-abfallenden Abbildungen:
S. 4–5: Mutter Teresa im 85. Jahr;
S. 8–9: Jeden Tag nach der Morgenandacht empfängt Mutter Teresa wartende Besucher im Mutterhaus;
S. 40–41: Paarweise gehen die Schwestern Mutter Teresas in die Slums von Kalkutta;
S. 48–49: Zwei Frauen aus Prem Dan suchen Schutz an der Hand einer Schwester;
S. 80–81: In der Protesenwerkstatt des Leprazentrums Titagarh dokumentiert eine Handvoll Fotos die Arbeit;
S. 88–89: Frau Nr. 16 im Sterbehaus Nirmal Hriday;
S. 92–93: Eine freiwillige Helferin füttert eine Todkranke im Sterbehaus Nirmal Hriday;
S. 100–101: Frau Nr. 45 im Sterbehaus Nirmal Hriday;
S. 118–119: Morgenandacht im Mutterhaus.
Das Vor- und Nachsatzpapier zeigt die Ordenstracht der „Missionaries of Charity“.

Die graphische Gestaltung des Werkes sowie der Entwurf des Schutzumschlags – die Photographie von Lois Lammerhuber zeigt Mutter Teresa nach dem Morgengebet im Mutterhaus – stammen von Silvia Lammerhuber.
Das Lektorat besorgte Gabriela Hamböck,
die technische Herstellung Josef Embacher.
Die Reproduktion der Abbildungen erfolgte bei Krammer in Linz (Roman Mayrhofer),
Druck und Bindung bei der Druckerei Berger in Horn (Herbert Rosenkranz).
Gesetzt wurde aus der Original Garamond, 11 auf 16,5 Punkt.


ISBN 3-85447-607-8

Christian Brandstätter Verlagsgesellschaft m.b.H.
A-1080 Wien, Wickenburggasse 26, Telephon (++43-1) 408 38 14-15